U0950237

党建工作
实用手册

《党建工作实用手册》编写组 ◎ 主编

人民东方出版传媒
People's Oriental Publishing & Media
東方出版社
The Oriental Press

图书在版编目（CIP）数据

党建工作实用手册 /《党建工作实用手册》编写组主编.
-- 北京：东方出版社，2025．6.
ISBN 978-7-5207-4353-2

Ⅰ．D26-62

中国国家版本馆 CIP 数据核字第 2025JA3620 号

党建工作实用手册
DANGJIAN GONGZUO SHIYONG SHOUCE

主　　编：《党建工作实用手册》编写组
责任编辑：张永生
责任校对：孔　僖
出　　版：东方出版社
发　　行：人民东方出版传媒有限公司
地　　址：北京市东城区朝阳门内大街 166 号
邮　　编：100010
印　　刷：三河市龙大印装有限公司
版　　次：2025 年 6 月第 1 版
印　　次：2025 年 6 月北京第 1 次印刷
开　　本：880 毫米 × 1230 毫米　1/32
印　　张：12.5
字　　数：210 千字
书　　号：ISBN 978-7-5207-4353-2
定　　价：59.00 元
发行电话：（010）85924663　85924644　85924641

前　言

新征程上，全面加强党的领导，全面加强党的建设，全面从严治党，最根本的就是认真贯彻习近平总书记关于党的建设的重要思想，努力建设始终保持先进性和纯洁性的中国共产党。

贯彻习近平总书记关于党的建设的重要思想，要把握新时代党的建设总要求，坚定不移全面从严治党，深入推进新时代党的建设新的伟大工程。推进伟大工程，要以党的长期执政能力建设、先进性和纯洁性建设为主线。党的执政地位不是与生俱来的，也不是一劳永逸的。始终保持党的先进性和纯洁性，历来是马克思主义政党建设的根本要求和永恒主题，也是我们党赢得人民信赖和拥护的根本条件。各级党组织和广大党员干部特别是领导干部要坚持忠诚干净担当，切实提高政治能力和执政本领，始终保持正视问题的自觉和刀刃向内的勇气，清除一切侵蚀党的健康肌体的病毒，不断厚植执政基础、巩固执政地位、完成执政使命。

贯彻习近平总书记关于党的建设的重要思想，要以坚持和加强党中央集中统一领导为最高政治原则，以发展和运用当代中国马克思主义、用中国式现代化全面推进中华民族伟大复兴为根本任务。

贯彻习近平总书记关于党的建设的重要思想，要认真贯彻新时代党的组织路线，以忠诚为党护党、全力兴党强党为根本使命。

贯彻习近平总书记关于党的建设的重要思想，要弘扬伟大建党精神，践行党的初心使命，以“江山就是人民、人民就是江山”执政理念为党建之“根”。

贯彻习近平总书记关于党的建设的重要思想，要在全面从严治党的新实践中，发展党的先进性，保持党的纯洁性，以正风肃纪反腐为攻坚战、持久战。

贯彻习近平总书记关于党的建设的重要思想，要以解决大党独有难题、不断完善全面从严治党体系为重要任务。坚持制度治党、依规治党和思想建党有机结合，突出党的各方面建设有机衔接、联动集成、协同协调；突出体制机制的健全完善和法规制度的科学有效；突出运用治理的理念、系统的观念、辩证的思维管党治党建设党。着力实现内容上全涵盖、对象上全覆盖、责任上全链条、制度上全贯通，使全面从严治党各项工作更好体现时代性、把握规律性、富于创造性。

贯彻习近平总书记关于党的建设的重要思想，要在新征程中，不断深化对党的自我革命战略思想的规律性认识。100多年来，我们党既靠发展人民民主、接受人民监督，又靠全面从严治党、推进自我革命，勇于坚持真理、修正错误，勇于刀刃向内、刮骨疗毒，保证党长盛不衰、不断发展壮大。新征程上，深入推进党的自我革命，习近平总书记提出“九个以”的实践要求，即以坚持党中央集中统一领导为根本保证，以引领伟大社会革命为根本目的，以习近平新时代中国特色社会主义思想为根本遵循，以跳出历史周期率为战略目标，以解决大党独有难题为主攻方向，以健全全面从严治党体系为有效途径，以锻造坚强组织、建设过硬队伍为重要着力点，以正风肃纪反腐为重要抓手，以自我监督和人民监督相结合为强大动力。新形势下，要坚持解放思想、实事求是、与时俱进、守正创新，不断进行实践探索和理论创新，不断深化对党的自我革命的规律性认识，把党的自我革命的思路举措搞得更加严密，把每条战线、每个环节的自我革命都抓具体、抓深入和抓出成效。

习近平总书记关于党的建设的重要思想，是习近平新时代中国特色社会主义思想的重要组成部分，是全党全面从严治党集体智慧的结晶和伟大自我革命实践的理论总结，是马克思主义党建学说的新发展，是新征程上推进党的建设新的伟大工程的行动指南。

本书依据习近平总书记关于党的建设的重要思想和党的二十大以及二十届二中、三中全会精神，采用通俗易懂的一问一答形式，全面系统介绍新时代党建工作的指导思想、总体要求、基本原则、主要任务、具体措施等有关知识，具体包括党的政治建设、党的思想建设、党的组织建设、党的作风建设、党的纪律建设、党的制度建设、反腐败斗争，以及农村、机关、国有企业党建工作等，涵盖党建工作的全过程和各领域，既全面系统又突出重点，既有方针政策又有具体措施，还将中央新近出台的关于党建工作的系列文件精神融入其中，是各级党组织和广大党员干部全面学习掌握党建知识，深入贯彻落实党中央关于新时代党建工作的方针政策，统揽党建全局，抓住关键重点，深入推进新时代党的建设新的伟大工程的工作指导和常用工具书。

目 录

第四章　党的作风建设　117

第七章　反腐败斗争　217

第一章

党的政治建设

1. 新时代党的建设总要求是什么?

新时代党的建设总要求是坚持和加强党的全面领导,坚持党要管党、全面从严治党,以加强党的长期执政能力建设、先进性和纯洁性建设为主线,以党的政治建设为统领,以坚定理想信念宗旨为根基,以调动全党积极性、主动性、创造性为着力点,全面推进党的政治建设、思想建设、组织建设、作风建设、纪律建设,把制度建设贯穿其中,深入推进反腐败斗争,不断提高党的建设质量,把党建设成为始终走在时代前列、人民衷心拥护、勇于自我革命、经得起各种风浪考验、朝气蓬勃的马克思主义执政党。

2. 党的建设主要包括哪些内容?

党的建设即马克思主义建党理论同党的建设实践的统一,是马克思主义党的学说的应用。党的建设包括 3 个方面的含义：一是研究党的建设的理论科学；二是在马克思主义党的学说指导下所进行的党的建设的实践活动；三是作为理论原则与实际行动两者中介的约法规章。全面推进党的政治建设、思想建设、组织建设、作风建设、纪律建设，把制度建设贯穿其中，深入推进反腐败斗争，这是新时代党的建设总体布局。

党的政治建设是党的根本性建设，决定党的建设方向和效果。坚持以党的政治建设为统领，必须把党的政治建设放在首位。党的政治建设的内容主要包括：维护党中央的权威和集中统一领导，全党坚定执行党的政治路线，严格遵守政治纪律和政治规矩，在政治立场、政治方向、政治原则、政治道路上同党中央保持高度一致；严肃党内政治生活，遵从党章，严格执行新形势下党内政治生活的若干准则，增强党内政治生活的政治性、时代性、原则性、战斗性，完善和落实民主集中制的各项制度；加强党内政治文化建设，弘扬忠诚老实、公道正派、实事求是、清正廉洁等价值观；全党自觉加强党性锻炼，不断提高政治觉悟和政治能力，永葆共产党人政治本色。

党的思想建设的内容主要包括：在全党坚持马克思主义的指导思想，坚持实事求是的思想路线，树立共产主义的崇高理想，坚定社会主义和共产主义的信念，确立正确的世界观、人生观和价值观，特别是为人民服务的价值取向等，学懂弄通习近平新时代中国特色社会主义思想，提高全党的马克思主义理论水平。

党的组织建设的内容主要包括民主集中制建设、干部队伍建设和领导班子建设、党员队伍建设等任务。此外，还要加强从中央到基层的各级组织建设，改革和完善党的组织制度、领导制度和工作制度等。

党的作风就是党的形象，核心是党和人民的关系问题。党的作风承载着中国共产党的精神品格，是党的初心使命、思想原则、组织宗旨、党性要求的外在体现，是内容与形式的统一。党的作风是包含党风、学风、文风、会风、思想作风、工作作风、领导作风、干部生活作风等方面，由3大作风以及艰苦朴素、谦虚谨慎、求真务实、勇于担当等具体内容构成。切实加强作风建设，对于解决党自身存在的突出问题，密切党同人民群众的血肉联系，保持党的先进性和纯洁性，提高党的创造力、凝聚力、战斗力，巩固党的长期执政地位有着极其重要的意义。

纪律是党的生命线，加强纪律建设是全面从严治党的治本之策。党的纪律建设主要包括政治纪律、组织纪律、廉洁纪律、群众纪律、工作纪律、生活纪律。

党的制度建设就是把长期以来党的领导工作中的和党

内生活中的经验教训加以总结和概括，形成全党必须共同遵守的党内法规、条例、规则等党的制度，并狠抓贯彻落实。

反腐败斗争就是同各种弱化党的先进性、损害党的纯洁性的病原体作斗争。这种斗争极其复杂、极其艰难，容不得丝毫退让妥协，必须始终保持正视问题的勇气和刀刃向内的坚定，坚定割除毒瘤、清除毒源、肃清流毒，以党永不变质确保红色江山永不变色。

3. 中国共产党的性质是什么?

中国共产党是中国工人阶级的先锋队，同时是中国人民和中华民族的先锋队，是中国特色社会主义事业的领导核心，代表中国先进生产力的发展要求，代表中国先进文化的前进方向，代表中国最广大人民的根本利益。党的最高理想和最终目标是实现共产主义。中国共产党以马克思列宁主义、毛泽东思想、邓小平理论、“三个代表”重要思想、科学发展观、习近平新时代中国特色社会主义思想作为自己的行动指南。

4. 党的纲领是什么?

一个政党的正式纲领，就是公开树立起来的旗帜。中国共产党是最高纲领与最低纲领的统一论者。我们党既有长远奋斗的最高纲领，也在革命、建设和改革的各个历史阶段中有每个阶段的基本纲领即最低纲领。

党的一大通过的中国共产党第一个纲领，鲜明地昭示世人："直到阶级斗争结束，即直到消灭社会的阶级区分"，"消灭资本家私有制"。这表明中国共产党从建党之日起就旗帜鲜明地把社会主义和共产主义确立为自己的奋斗目标，是一个完全新型的无产阶级政党。在党的二大上，大会宣言首次明确把党的纲领细分为最高纲领和最低纲领，规定党的最高纲领是实现社会主义、共产主义，最低纲领是消除内乱，打倒军阀，建设国内和平；推翻国际帝国主义的压迫，达到中华民族完全独立；统一中国为真正的民主共和国。

毛泽东在《新民主主义论》中系统阐述了新民主主义的政治、经济和文化。在党的七大政治报告《论联合政府》中，毛泽东将其明确规定为党在新民主主义革命时期的基本纲领，并强调："对于我们的社会主义和共产主义制度的将来纲领或最高纲领说来，这是我们的最低纲领。实行这个纲领，可以把中国从现在的国家状况和社会状况向前推进一步。"同时说："我们共产党人从来不隐瞒自己的政治主张。我们的将来纲领或最高纲领，是要将中国推进到社会主义社会和共产主义社会去的，这是确定的和毫无疑义的。”

新中国成立以后，经过曲折中的探索，党的十三大确立了党在社会主义初级阶段的基本路线。这就是：“领导和团结全国各族人民，以经济建设为中心，坚持四项基本原则，坚持改革开放，自力更生，艰苦创业，为把我国建设成为富强、民主、文明的社会主义现代化国家而奋斗。”“一个中心、两个基本点”是对它简明的概括。党的基本路线是党和国家的生命线。

党的十五大根据党在社会主义初级阶段的基本路线，围绕建设富强民主文明的社会主义现代化国家的目标，制定了党在社会主义初级阶段的基本纲领，规定了建设有中国特色社会主义的经济、政治、文化的基本目标和基本政策，党的十八大、十九大和二十大进一步丰富和完善了党在社会主义初级阶段的基本纲领。它的主要内容是中国共产党领导人民发展社会主义市场经济，发展社会主义民主政治，发展社会主义先进文化，构建社会主义和谐社会，建设社会主义生态文明。这是对党的十五大确定的党在社会主义初级阶段基本路线的丰富和完善，是我们党领导全国各族人民发展中国特色社会主义的行动纲领。实现这个基本纲领，就是为实现共产主义这个最高纲领打下坚实基础。党在社会主义初级阶段的基本纲领是党的最高纲领在社会主义初级阶段的具体体现。

5. 为什么说党章是党的根本大法，是全党必须遵循的总规矩？

《中国共产党章程》，简称党章。党章对党的性质和宗旨、路线和纲领、指导思想和奋斗目标、组织原则和组织机构、党员义务权利以及党的纪律等作出根本规定。党章是最根本的党内法规，是党内大法，是制定其他党内法规的基础和依据。

我们党历来高度重视制定和完善党章。1921 年 7 月，党的一大通过《中国共产党第一个纲领》，这是党的历史上第一部党内法规，具有党章性质；1922 年 7 月，党的二大通过《中国共产党章程》，我们党从此有了自己的根本大法。在 100 多年的奋斗历程中，我们党总是认真总结革命、建设和改革的成功经验，及时把党的实践创新、理论创新、制度创新的重要成果体现到党章中，实现了党章的与时俱进，使党章在推进党的事业、加强党的建设中发挥了重要指导作用。

现行党章是 1982 年 9 月党的十二大制定的。在保持党章基本内容稳定的前提下，根据形势和任务的发展变化，党的十三大、十四大、十五大、十六大、十七大、十八大、十九大、二十大都对党章作了适当修改。

党章就是党的根本大法，是全党必须遵循的总规矩。认真学习党章、严格遵守党章，是加强党的建设的一项基础性经常性工作，也是全党同志的应尽义务和庄严责任。习近平总书记反复强调，在各级党组织的全部活动中，都要坚持引导广大党员干部特别是领导干部自觉学习党章、遵守党章、贯彻党章、维护党章，自觉加强党性修养，增强党的意识、宗旨意识、执政意识、大局意识、责任意识，切实做到为党分忧、为国尽责、为民奉献。

6. 什么是党的先进性建设?

党的先进性建设是中国共产党的根本性建设，是党的建设新的伟大工程战略布局的核心内容之一。马克思、恩格斯在《共产党宣言》中就要求马克思主义政党在实践和理论上保持先进性，列宁在俄共建党的过程中丰富和发展了马克思、恩格斯关于马克思主义政党的先进性理论，认为“党是阶级的先进觉悟阶层，是阶级的先锋队”。百余年来，中国共产党带领全国人民在实现马克思主义中国化的同时，不断探索如何保持中国共产党的先进性的重大课题。

先进性是马克思主义政党的本质属性，是马克思主义政党的生命所系、力量所在，保持和发展党的先进性是马克思主义政党自身建设的根本任务和永恒课题。党的先进性建设是一项综合性建设，要从党的思想建设、组织建设、作风建设、制度建设等各个方面来加以推进。党的先进性建设是一项长期性建设，是马克思主义政党建设的永恒主题。党的先进性是历史的、具体的，要通过长期坚持不懈才能得以保持。党的先进性建设是一项根本性建设，是保持党的先进性特征的根本举措。

7. 如何加强党的先进性和纯洁性建设?

加强党的先进性和纯洁性建设，是一项长期而又常新的任务，需要各级党组织和广大党员认真总结好、运用好党的群众路线教育实践活动，“三严三实”专题教育，“两学一做”学习教育，“不忘初心、牢记使命”主题教育，党史学习教育，学习贯彻习近平新时代中国特色社会主义思想主题教育、党纪学习教育、深入贯彻中央八项规定精神学习教育中涌现出来的创新做法和成功经验，不断提高党的建设科学化水平，坚持不懈从 4 个方面推进党的先进性和纯洁性建设。

第一，坚持从思想教育入手，在理论上推进基层党组织和党员的先进性、纯洁性建设。实践证明，思想是行动的先导，思想上政治上的先进和纯洁，是保持党的先进性和纯洁性的根本。加强思想教育，必须抓好党员干部的理论武装，要教育引导党员干部牢固树立正确的世界观、权力观、价值观、事业观，坚定中国特色社会主义理想信念。

第二，坚持从服务群众入手，在作风上推进基层党组织和党员的先进性、纯洁性建设。实践证明，想问题、办事情、谋发展，只有依靠群众、为了群众，坚持以群众满意为标准，我们的各项工作、各项事业才能得到群众的支持，党的先进性和纯洁性才能真正体现并得到群众的广泛认同。加强作风建设，必须进一步建立健全联系群众、服务群众的长效机制，密切党同人民群众的血肉联系。践行群众路线，要突出强调改进作风、解决实际问题，做到思想上尊重群众、感情上贴近群众、工作上为了群众。

第三，坚持从固本强基入手，在组织上推进基层党组织和党员的先进性、纯洁性建设。实践证明，党的基层组织是党的全部工作和战斗力的基础，党员是党的一切活动的主体。党的先进性和纯洁性，要通过各领域的基层党组织和党员发挥作用来广泛体现。加强基层组织建设，必须坚持抓好基层、打牢基础。

第四，坚持从健全机制入手，在制度上推进基层党组织和党员的先进性、纯洁性建设。实践证明，必须坚持党要管党、全面从严治党，不断建立健全完善、务实管用的制度和机制，才能始终保持党组织和党员队伍的生机活力。加强制度建设，必须贯穿党的政治建设、思想建设、组织建设、作风建设、纪律建设和反腐败斗争中，坚持以党章为根本、以民主集中制为核心，发展党内民主，积极推进党务公开，保障党员主体地位和民主权利。

8. 党的政治路线是什么？

党的政治路线是指党根据各个不同历史时期或一定历史发展阶段的社会、政治、经济情况和所要解决的主要矛盾提出的党在不同时期的总路线、总任务或总决策。

中国共产党在社会主义初级阶段的基本路线是领导和团结全国各族人民，以经济建设为中心，坚持四项基本原则，坚持改革开放，自力更生，艰苦创业，为把我国建设成为富强民主文明和谐美丽的社会主义现代化强国而奋斗。

9. 为什么要坚定执行党的政治路线？

党在社会主义初级阶段的基本路线作为党的政治路线，是党和国家的生命线、人民的幸福线，必须坚决捍卫、坚定执行。越是面临严峻复杂的国际国内形势，越是处于中华民族伟大复兴的关键时期，越要保持清醒头脑和战略定力，全面贯彻执行党的政治路线，把以经济建设为中心同坚持四项基本原则、坚持改革开放“两个基本点”统一于中国特色社会主义伟大实践，绝不能有丝毫偏离和动摇。

（1）坚持党的政治路线，必须全面贯彻实施新时代中国特色社会主义基本方略，统筹推进“五位一体”总体布局和协调推进“四个全面”战略布局，为实现第二个百年奋斗目标不懈努力。

（2）全党制定执行大政方针，要从党的政治路线出发；部署推进党和国家事业发展重大战略、重大任务、重大工作，要紧紧围绕党的政治路线来进行。

（3）各地区各部门确定工作思路、工作部署、政策措施，要自觉同党的政治路线对标对表、及时校准偏差。要坚决同一切违背、歪曲、否定党的政治路线的言行作斗争。

10. 加强党的政治建设的总体要求是什么？

加强党的政治建设的总体要求是加强党的政治建设，必须高举中国特色社会主义伟大旗帜，全面贯彻党的二十大精神，坚持以马克思列宁主义、毛泽东思想、邓小平理论、“三个代表”重要思想、科学发展观、习近平新时代中国特色社会主义思想为指导，坚持党的基本理论、基本路线、基本方略，落实新时代党的建设总要求，增强“四个意识”，坚定“四个自信”，坚决维护习近平总书记党中央的核心、全党的核心地位，坚决维护党中央权威和集中统一领导，把准政治方向，坚持党的政治领导，夯实政治根基，涵养政治生态，防范政治风险，永葆政治本色，提高政治能力，把我们党建设得更加坚强有力，确保我们党始终成为中国特色社会主义事业的坚强领导核心，为实现第二个百年奋斗目标、以中国式现代化全面推进中华民族伟大复兴提供坚强政治保证。

11. 加强党的政治建设的目的是什么？

《中共中央关于加强党的政治建设的意见》明确指出：加强党的政治建设，目的是坚定政治信仰，强化政治领导，提高政治能力，净化政治生态，实现全党团结统一、行动一致。

（1）要以党章为根本遵循，把党章明确的党的性质和宗旨、指导思想和奋斗目标、路线和纲领落到实处。

（2）要突显党的政治建设的根本性地位，聚焦党的政治属性、政治使命、政治目标、政治追求持续发力。

（3）要以党的政治建设为统领，把政治标准和政治要求贯穿党的思想建设、组织建设、作风建设、纪律建设以及制度建设、反腐败斗争始终，以政治上的加强推动全面从严治党向纵深发展，引领带动党的建设质量全面提高。

（4）要坚持问题导向，注重“靶向治疗”，针对政治意识不强、政治立场不稳、政治能力不足、政治行为不端等突出问题强弱项补短板。

（5）要把党的政治建设融入党和国家重大决策部署的制定和落实全过程，做到党的政治建设与各项业务工作特别是中心工作紧密结合、相互促进。

12. 加强党的政治建设如何坚持用党的科学理论武装头脑？

马克思主义是我们立党立国的根本指导思想。习近平新时代中国特色社会主义思想是当代中国马克思主义、21世纪马克思主义，是全党全国人民为实现中华民族伟大复兴而奋斗的行动指南，是经过实践检验、富有实践伟力的强大思想武器，必须长期坚持并不断发展。

（1）要深入学习习近平新时代中国特色社会主义思想，加强思想政治教育，推动学习教育往深里走、往心里走、往实里走，真正做到学深悟透、融会贯通、真信笃行，巩固全党全国人民团结奋斗的共同思想基础。

（2）要坚定理想信念，牢固树立共产主义远大理想和中国特色社会主义共同理想，挺起共产党人的精神脊梁，坚决防止不信马列信鬼神、不信真理信金钱，坚决反对各种歪曲、篡改、否定马克思主义的错误思想。

（3）要坚定“四个自信”，坚信中国特色社会主义是科学社会主义理论逻辑和中国社会发展历史逻辑的辩证统一，是当代中国发展进步的根本方向，是全面建成社会主义现代化强国、实现中华民族伟大复兴的必由之路。

（4）领导干部要带头学理论、强信念，筑牢信仰之基，补足精神之钙，把稳思想之舵。

（5）实施年轻干部理想信念宗旨教育计划，大力培养造就具有坚定共产主义信仰和较高马克思主义理论素养的社会主义建设者和接班人。

13. 如何坚决站稳政治立场？

政治立场事关根本。全党必须始终坚定马克思主义立场，坚持党性和人民性相统一，坚决站稳党性立场和人民立场。

（1）要坚持以党的旗帜为旗帜、以党的方向为方向、以党的意志为意志，始终做到在党言党、在党忧党、在党为党，任何时候都同党同心同德。

（2）要坚持以人民为中心，立党为公、执政为民，践行全心全意为人民服务的根本宗旨，树立真挚的人民情怀，把人民放在心中最高位置，始终相信人民，紧紧依靠人民，把人民对美好生活的向往作为奋斗目标。

（3）要把对党负责和对人民负责高度统一起来，想问题、作决策、办事情都从人民利益出发，崇尚实干、勤政为民，把精力和心思用在稳增长、促改革、调结构、惠民生、防风险、保稳定上，着力解决人民群众最关心最直接最现实的利益问题，努力让人民群众有更多获得感、幸福感、安全感。

14. 什么是“两个确立”？

“两个确立”是指确立习近平同志党中央的核心、全党的核心地位，确立习近平新时代中国特色社会主义思想的指导地位。2021 年 11 月召开的党的十九届六中全会通过的《中共中央关于党的百年奋斗重大成就和历史经验的决议》首次明确提出“两个确立”。

党的二十大通过的《中国共产党章程（修正案）》庄严而明确地提出，“两个确立”是党在新时代取得的重大政治成果，是推动党和国家事业取得历史性成就、发生历史性变革的决定性因素。

“两个确立”反映了全党全军全国各族人民共同心愿，对新时代党和国家事业发展、对推进中华民族伟大复兴历史进程具有决定性意义。

15. 什么是“两个维护”？

“两个维护”是指坚决维护习近平总书记党中央的核心、全党的核心地位，坚决维护党中央权威和集中统一领导。

坚持和加强党的全面领导，最重要的是坚决维护党中央权威和集中统一领导；坚决维护党中央权威和集中统一领导，最关键的是坚决维护习近平总书记党中央的核心、全党的核心地位。这是党的政治建设的首要任务，也是根本政治任务，是牢固树立“四个意识”的集中体现。

坚定执行党的政治路线，严格遵守政治纪律和政治规矩，在政治立场、政治方向、政治原则、政治道路上同以习近平同志为核心的党中央保持高度一致。坚持和完善民主集中制，坚持党领导各项工作的体制机制，确保党对一切工作的领导，确保党总揽全局、协调各方。坚持党的理论和路线方针政策不动摇，不折不扣执行党中央的决策部署。

16. 如何教育引导党员干部坚决做到“两个维护”？

（1）党员干部要从历史和现实、理论和实践、国内和国际的结合上深刻认识、强化认同，不断增强拥护核心、跟随核心、捍卫核心的思想自觉政治自觉行动自觉，始终同以习近平同志为核心的党中央保持高度一致，做到党中央提倡的坚决响应、党中央决定的坚决执行、党中央禁止的坚决不做。

（2）要以党章为根本依据，不断完善保障“两个维护”的制度机制，严格执行《关于新形势下党内政治生活的若干准则》《中国共产党重大事项请示报告条例》《中共中央政治局关于加强和维护党中央集中统一领导的若干规定》等党内法规，加强对贯彻执行党的路线方针政策和决议情况的督促检查，完善党中央重大决策部署和习近平总书记重要指示批示贯彻落实的督查问责机制。

（3）党员干部要以正确的认识、正确的行动坚决做到“两个维护”，坚决防止和纠正一切偏离“两个维护”的错误言行，不得搞任何形式的“低级红”“高级黑”，决不允许对党中央阳奉阴违做两面人、搞两面派、搞“伪忠诚”。

17. 什么是“四个意识”？

“四个意识”是指政治意识、大局意识、核心意识、看齐意识。“四个意识”是2016年1月29日习近平总书记主持十八届中共中央政治局会议时首次提出来的。

（1）政治意识就是要求全体党员都要把政治规矩、政治纪律挺在前面，要从党的理想、信念和宗旨的角度看问题，自觉在思想上政治上行动上同党中央保持高度一致。

（2）大局意识就是既要看到自己从事工作的特殊性，更要看到在全党全国大盘子中的作用和影响，能把自身的特殊性和大局的普遍性统一起来，在大局下谋划、开展工作。

（3）核心意识就是要通过维护习近平总书记党中央的核心、全党的核心地位，进一步加强党的集中统一领导，强化党在中国特色社会主义事业中的领导核心地位。

（4）看齐意识就是要主动向以习近平同志为核心的党中央看齐，向党的理论和路线方针政策看齐，自觉把一切工作置于党中央集中统一领导之下。

18. 什么是“四个伟大”？

“四个伟大”是指伟大斗争、伟大工程、伟大事业、伟大梦想。2017 年 7 月，习近平总书记明确指出：“在新的时代条件下，我们要进行伟大斗争、建设伟大工程、推进伟大事业、实现伟大梦想。”

进行伟大斗争，是指进行具有许多新的历史特点的伟大斗争；建设伟大工程，是指深入推进党的建设新的伟大工程；推进伟大事业，是指推进中国特色社会主义伟大事业；实现伟大梦想，是指实现中华民族伟大复兴的中国梦。

党的十九大将“四个伟大”写进党章总纲，明确宣誓新时代我们举什么旗、走什么路、以什么样的精神状态、担负什么样的历史使命、实现什么样的奋斗目标，蕴含着推进新时代中国特色社会主义的完整逻辑。伟大事业彰显的是旗帜和道路，伟大斗争回答的是以什么样的精神状态的问题，伟大梦想体现的是党的历史使命和奋斗目标，伟大工程是伟大斗争、伟大事业、伟大梦想的根本保证。

“四个伟大”各有侧重、有机联系，需要我们贯通起来理解、结合起来把握、协同起来贯彻，关键在于把党建设得更加坚强有力，永葆党的旺盛生命力和强大战斗力。

19. 什么是“四个自信”？

“四个自信”是指中国特色社会主义道路自信、理论自信、制度自信、文化自信。

党的十八大以来，习近平总书记高度关注培育民族自尊心，坚定建设中国特色社会主义道路自信、理论自信、制度自信。2016 年，在庆祝中国共产党成立 95 周年大会上，他又提出了文化自信，“四个自信”由此形成。“四个自信”是我们党对中国特色社会主义认识的重大突破，既丰富了中国特色社会主义的内涵，又为我们继续前进提供了精神动力和精神支撑。

“四个自信”深刻揭示了中国特色社会主义的实践价值。我国近代以来的历史选择、改革开放以来的实践证明，中国特色社会主义道路是实现社会主义现代化的必由之路，是创造人民美好生活的必由之路；中国特色社会主义理论体系是指导党和人民沿着中国特色社会主义道路实现中华民族伟大复兴的正确理论，是立于时代前沿、与时俱进的科学理论；中国特色社会主义制度是当代中国发展进步的根本制度保障，是具有鲜明中国特色、明显制度优势、强大自我完善能力的先进制度；中国特色社会主义文化植根于中国特色社会主义伟大实践，是激励全党全国各族人民奋勇前进的强大精神力量。

“四个自信”是科学统一的整体，彼此之间相辅相成。道路自信是根本，理论自信是引领，制度自信是保障，文化自信是支撑，它们统一于中国特色社会主义伟大实践。

20. 如何坚持党对一切工作的领导？

党政军民学，东西南北中，党是领导一切的。必须增强政治意识、大局意识、核心意识、看齐意识，自觉维护党中央权威和集中统一领导，自觉在思想上政治上行动上同党中央保持高度一致，完善坚持党的领导的体制机制，坚持稳中求进的工作总基调，统筹推进“五位一体”总体布局，协调推进“四个全面”战略布局，提高党把方向、谋大局、定政策、促改革的能力和定力，确保党始终总揽全局、协调各方。

21. 如何完善党的领导体制？

坚持党总揽全局、协调各方，建立健全坚持和加强党的全面领导的制度体系，为把党的领导落实到改革发展稳定、内政外交国防、治党治国治军各领域各方面各环节提供坚实制度保障。研究制定党领导经济社会各方面重要工作的党内法规。健全党中央集中统一领导重大工作的体制机制。完善地方党委、党组、党的工作机关实施党的领导的体制机制。建立健全国有企业党委（党组）和农村、事业单位、街道社区等的基层党组织发挥领导作用的制度规定。贯彻落实宪法规定，制定和修改有关法律法规要明确规定党领导相关工作的法律地位。

将坚持党的全面领导的要求载入人大、政府、法院、检察院的组织法，载入政协、民主党派、工商联、人民团体、国有企业、高等学校、有关社会组织等的章程，健全党对这些组织实施领导的制度规定，确保其始终在党的领导下积极主动、独立负责、协调一致地开展工作。

22. 如何改进党的领导方式？

（1）着眼于党把方向、谋大局、定政策、促改革，强化战略思维、创新思维、辩证思维、法治思维、底线思维，正确制定和坚决执行党的路线方针政策，不断增强党的政治领导力、思想引领力、群众组织力、社会号召力。

（2）要坚持民主集中制这一根本领导制度，善于运用民主的办法汇集意见、科学决策，善于通过协商的方式增进共识、凝聚力量，同时善于集中、敢于担责，防止议而不决、决而不行。

（3）要坚持群众路线这一基本领导方法，不断增强群众工作本领，大兴调查研究之风，改进和创新联系群众的途径方法，坚持走好网上群众路线，汇集民智民力，善于通过群众喜闻乐见的方式宣传党的理论和路线方针政策，把党的主张变为群众自觉行动。

（4）深入贯彻中央八项规定精神，坚决反对“四风”特别是形式主义、官僚主义。

（5）要坚持依法执政这一基本领导方式，注重运用法治思维和法治方式治国理政，善于使党的主张通过法定程序成为国家意志、转化为法律法规，自觉把党的领导活动纳入制度轨道。

23. 党的十八大以来在坚持党的全面领导上取得的成就有哪些？

改革开放以后，党为加强和改善党的领导进行持续努力，为党和国家事业发展提供了根本政治保证。同时，党内也存在不少对坚持党的领导认识模糊、行动乏力问题，存在不少落实党的领导弱化、虚化、淡化、边缘化问题，特别是对党中央重大决策部署执行不力，有的搞上有政策、下有对策，甚至口是心非、擅自行事。

党的十八大以来，以习近平同志为核心的党中央旗帜鲜明提出，党的领导是党和国家的根本所在、命脉所在，是全国各族人民的利益所系、命运所系，全党必须自觉在思想上政治上行动上同党中央保持高度一致，提高科学执政、民主执政、依法执政水平，提高把方向、谋大局、定政策、促改革的能力，确保充分发挥党总揽全局、协调各方的领导核心作用。

党中央明确提出，党的领导是全面的、系统的、整体的，保证党的团结统一是党的生命；党中央集中统一领导是党的领导的最高原则，加强和维护党中央集中统一领导是全党共同的政治责任，坚持党的领导首先要旗帜鲜明讲政治，保证全党服从中央。党的十八届六中全会通过《关于新形势下党内政治生活的若干准则》，2017 年 10 月通过《中共中央政治局关于加强和维护党中央集中统一领导的若干规定》，严明党的政治纪律和政治规矩，防止和反对个人主义、分散主义、自由主义、本位主义、好人主义等，发展积极健康的党内政治文化，推动营造风清气正的良好政治生态。党中央要求党的领导干部提高政治判断力、政治领悟力、政治执行力，胸怀“国之大者”，对党忠诚、听党指挥、为党尽责。党健全党的领导制度体系，完善党领导人大、政府、政协、监察机关、审判机关、检察机关、武装力量、人民团体、企事业单位、基层群众性自治组织、社会组织等制度，确保党在各种组织中发挥领导作用。党坚持民主集中制，建立健全党对重大工作的领导体制，强化党中央决策议事协调机构职能作用，完善推动党中央重大决策落实机制，严格执行向党中央请示报告制度，强化政治监督，深化政治巡视，查处违背党的路线方针政策、破坏党的集中统一领导问题，清除“两面人”，保证全党在政治立场、政治方向、政治原则、政治道路上同党中央保持高度一致。

党的十八大以来，党中央权威和集中统一领导得到有力保证，党的领导制度体系不断完善，党的领导方式更加科学，全党思想上更加统一、政治上更加团结、行动上更加一致，党的政治领导力、思想引领力、群众组织力、社会号召力显著增强。

24. 加强党的政治建设的关键是什么？

加强党的政治建设，关键是要提高各级各类组织和党员干部的政治能力。政治判断力、政治领悟力、政治执行力是政治能力的重要内涵。党的二十大报告强调：“提高各级党组织和党员干部政治判断力、政治领悟力、政治执行力。”这一要求也被写入党章。

在全面建设社会主义现代化国家的新征程上，在中华民族伟大复兴战略全局和世界百年未有之大变局相互交织、作用的背景下，党员干部的政治判断力、政治领悟力、政治执行力只能加强，不能削弱。实践中，提升政治判断力、政治领悟力、政治执行力，应从政治锤炼、理论学习和实践锻炼 3 个方面着力。

25. 如何增强党组织的政治功能?

政治属性是党组织的根本属性，政治功能是党组织的基本功能。以中国式现代化全面推进强国建设、民族复兴伟业，关键在党，关键要增强党组织的政治功能，把党建设得更加坚强有力。

（1）党的中央组织是党的组织体系的大脑和中枢，具有定于一尊、一锤定音的权威，在推进中国特色社会主义事业中把方向、谋大局、定政策、促改革。全党同志必须践行党的宗旨，胸怀“国之大者”，忠诚拥护“两个确立”、坚决做到“两个维护”，始终在政治立场、政治方向、政治原则、政治道路上同以习近平同志为核心的党中央保持高度一致。

（2）地方党委要在党中央和上级党委领导下，全面领导本地区经济社会发展，全面负责本地区党的建设，坚决纠正党的领导弱化、党的建设缺失、全面从严治党不力等问题。

（3）党的基层组织要着力提升组织力，突出政治功能、强化政治引领，下大气力解决软弱涣散问题。

（4）党支部要担负起直接教育党员、管理党员、监督党员和组织群众、宣传群众、凝聚群众、服务群众的职责，发挥好战斗堡垒作用。

（5）党组要在批准其设立的党组织领导下，在本部门本单位发挥好把方向、管大局、保落实的重要作用，确保党中央和上级党组织决策部署在本部门本单位贯彻落实。

（6）党的各级纪委要进一步强化党内监督专责机关的职能定位，全面监督执纪问责，坚决维护党章党规党纪的严肃性和权威性。

（7）党的工作机关要更好发挥党委参谋助手作用，提高履职尽责的政治性和有效性，力求参当其时、谋当其用，更好服务党委决策、抓好决策落实。

（8）党员要强化党的意识和组织观念，自觉做到思想上认同组织、政治上依靠组织、工作上服从组织、感情上信赖组织。

所有党组织和全体党员都必须牢固树立一盘棋意识，在党中央集中统一领导下齐心协力、步调一致开展工作，形成党的组织体系整体合力。

26. 国家机关如何旗帜鲜明地讲政治？

中央和地方各级人大机关、行政机关、政协机关、监察机关、审判机关、检察机关本质上都是政治机关，旗帜鲜明讲政治是应尽之责。

（1）要始终坚持在党的领导下依法实施经济社会管理活动，坚决贯彻落实党的基本理论、基本路线、基本方略，积极主动将党的领导主张和重大决策部署转化为法律法规和政策政令，转化为对经济社会管理的部署安排和工作活动，转化为领导体制、工作机制和管理方式方法创新，转化为推动经济社会发展的实际效果。

（2）国家机关履行职责、开展工作，要提高政治站位，把准政治方向，注重政治效果，考虑政治影响，坚决防止和纠正把政治与业务割裂开来、对立起来的错误认识和做法，确保政治和业务融为一体、高度统一。

27. 如何发挥群团组织的政治作用？

群团事业是党的事业的重要组成部分，党的群团工作是党治国理政的一项经常性、基础性工作，是党组织动员广大人民群众为完成党的中心任务而奋斗的重要法宝。工会、共青团、妇女组织等群团组织联系的广大人民群众是坚持和发展中国特色社会主义的基本力量，是进一步全面深化改革、全面推进依法治国、巩固党的执政地位、维护国家长治久安的基本依靠。

（1）各群团组织要认真履行政治职责，充分发挥联系人民群众的桥梁和纽带作用，加大政治动员、政治引领、政治教育工作力度，更好承担起引导群众听党话、跟党走的政治任务，把自己联系的群众最广泛最紧密地团结在党的周围。

（2）要坚定不移坚持党的领导，坚定不移走中国特色社会主义群团发展道路，不折不扣落实党中央关于群团改革的决策部署，切实增强群团组织的政治性、先进性、群众性。

28. 国有企事业单位如何强化政治导向？

国有企业是中国特色社会主义的重要物质基础和政治基础，事业单位承担着满足人民群众日益增长的公益服务需求职责，都是我们党执政兴国的重要依靠力量。

国有企事业单位必须始终坚持党的领导，坚决贯彻执行党的路线方针政策，认真落实党中央关于推进国有企事业单位改革发展的决策部署，切实加强本单位党的建设工作，充分发挥党组织重要作用，保证本单位工作坚持正确政治方向、取得良好政治效果。

29. 如何提高党员干部的政治本领？

（1）党员干部特别是领导干部要加强政治能力训练和政治实践历练，切实提高把握方向、把握大势、把握全局的能力和辨别政治是非、保持政治定力、驾驭政治局面、防范政治风险的能力。

（2）要在大是大非面前态度鲜明、立场坚定，始终在政治立场、政治方向、政治原则、政治道路上同以习近平同志为核心的党中央保持高度一致。

（3）要善于从政治上研判形势、分析问题，自觉在党和国家工作大局下想问题、做工作，做到一切服从大局、一切服务大局。

（4）要强化忧患意识、风险意识，增强政治敏锐性和政治鉴别力，对容易诱发政治问题特别是重大突发事件的敏感因素、苗头性倾向性问题，对意识形态领域各种错误思潮、模糊认识、不良现象，保持高度警惕，做到眼睛亮、见事早、行动快。

（5）要提高风险处置能力，及时阻断不同领域风险转换通道，防止非公共性风险扩大为公共性风险、非政治性风险演变为政治风险。

（6）要增强斗争精神，强化政治担当，敢于亮剑、善于斗争，发现违反政治纪律、危害政治安全的行为坚决抵制，做勇于斗争的“战士”，不做爱惜羽毛的“绅士”，严防对挑战政治底线的错误言论和不良风气听之任之、逃避责任、失职失察。

30. 加强党的政治建设为什么必须把营造风清气正的政治生态作为基础性、经常性工作？

政治生态是党风、政风、社会风气的综合体现，也是研判管党治党水平和成效的“风向标”。

加强党的政治建设，必须把营造风清气正的政治生态作为基础性、经常性工作，浚其源、涵其林，养正气、固根本，锲而不舍、久久为功，实现正气充盈、政治清明。

31. 提高党内政治生活质量的主要任务是什么？

营造良好政治生态，必须严格执行《关于新形势下党内政治生活的若干准则》，着力提高党内政治生活质量，努力在全党形成又有集中又有民主、又有纪律又有自由、又有统一意志又有个人心情舒畅生动活泼的政治局面。

（1）增强党内政治生活的政治性，强化政治教育和政治引领，让党员干部经常接受政治体检，打扫政治灰尘，净化政治灵魂，增强政治免疫力，坚决防止和克服党内政治生活忽视政治、淡化政治、不讲政治的倾向。

（2）增强党内政治生活的时代性，主动适应信息时代新形势和党员队伍新变化，积极运用互联网、大数据等新兴技术，创新党组织活动内容方式，推进“智慧党建”，使党内政治生活始终充满活力，坚决防止和克服党内政治生活不讲创新、不讲活力、照搬照套的倾向。

（3）增强党内政治生活的原则性，坚持按原则开展党的工作和活动，按原则处理党内各种关系，按原则解决党内矛盾和问题，严格执行党的组织生活制度，认真召开民主生活会和组织生活会，提高“三会一课”质量，落实谈心谈话、民主评议党员和主题党日等制度，坚持和完善重温入党誓词、党员过“政治生日”等政治仪式，使党内生活庄重、严肃、规范，坚决防止和克服党内政治生活不讲原则、平淡化庸俗化随意化的倾向。

（4）增强党内政治生活的战斗性，坚持以整风精神开展批评和自我批评，勇于思想交锋、揭短亮丑，旗帜鲜明坚持真理、修正错误，统一意志、增进团结，建立健全民主生活会列席指导、及时叫停、责令重开、整改通报等制度，坚决防止和克服党内政治生活一团和气、评功摆好、明哲保身的倾向。

32. 如何严明党的政治纪律和政治规矩？

政治纪律是党最根本、最重要的纪律，是净化政治生态的重要保证。

（1）要把坚决做到“两个维护”作为首要政治纪律，

在全党持续深入开展忠诚教育，开展“守纪律、讲规矩”模范机关创建和先进个人评选活动，教育督促党员干部始终对党忠诚老实，决不允许在重大政治原则问题上、大是大非问题上同党中央唱反调，搞自由主义。

（2）严格执行《中国共产党纪律处分条例》，严肃查处违反政治纪律的行为，通过严明政治纪律带动党的其他纪律严起来。

（3）坚持“五个必须”：必须维护党中央权威，决不允许背离党中央要求另搞一套；必须维护党的团结，决不允许在党内培植个人势力；必须遵循组织程序，决不允许擅作主张、我行我素；必须服从组织决定，决不允许搞非组织活动；必须管好亲属和身边工作人员，决不允许他们擅权干政、谋取私利。

（4）严肃查处“七个有之”问题，把政治上蜕变的两面人及时辨别出来、清除出去，坚决防止党内形成利益集团攫取政治权力、改变党的性质，坚决防止山头主义和宗派主义危害党的团结、破坏党的集中统一。

33. 为什么说“七个有之”问题本质上是政治问题？

2014 年 10 月 23 日，习近平总书记在党的十八届四中全会第二次全体会议上的讲话中强调：“一些人无视党的政治纪律和政治规矩，为了自己的所谓仕途，为了自己的所谓影响力，搞任人唯亲、排斥异己的有之，搞团团伙伙、拉帮结派的有之，搞匿名诬告、制造谣言的有之，搞收买人心、拉动选票的有之，搞封官许愿、弹冠相庆的有之，搞自行其是、阳奉阴违的有之，搞尾大不掉、妄议中央的也有之，如此等等。”

“七个有之”问题本质上是政治问题，概括起来原因有两个方面：一个是政治问题和经济问题交织形成利益集团，妄图攫取党和国家权力；另一个是山头主义和宗派主义作祟，大搞非组织活动。它造成党员干部与党离心离德，严重破坏了党的团结统一，危害党和国家政治安全。

34. 如何发展积极健康的党内政治文化？

（1）坚持“三严三实”，大力弘扬忠诚老实、公道正派、实事求是、清正廉洁等价值观，充分利用各类爱国主义教育基地和党性教育基地对广大党员干部进行教育和熏陶，增强党员干部的政治定力、纪律定力、道德定力、拒腐定力。大力倡导清清爽爽的同志关系、规规矩矩的上下级关系、亲清统一的新型政商关系，弘扬正气、树立新风。

（2）推动中华优秀传统文化创造性转化、创新性发展，培育党员干部政治气节、政治风骨。发扬革命文化，传承红色基因，弘扬革命精神，教育党员干部正确处理公和私、义和利、是和非、正和邪、苦和乐的关系。弘扬社会主义先进文化，推进社会主义核心价值观宣传教育，引导党员干部带头做社会主义核心价值观的坚定信仰者、积极传播者、模范践行者。

（3）坚决抵制庸俗腐朽的政治文化，自觉抵制商品交换原则对党内生活的侵蚀，狠刹权权交易、权钱交易、权色交易等不正之风，破除关系学、厚黑学、官场术等封建糟粕，坚决防止和反对个人主义、分散主义、自由主义、本位主义、好人主义，坚决防止和反对宗派主义、圈子文化、码头文化。

35. 选人用人怎样突出政治标准？

（1）要坚持党管干部原则，贯彻新时期好干部标准，始终把政治标准放在第一位，注重选拔任用树牢“四个意识”、坚定“四个自信”、做到“两个维护”、全面贯彻执行党的理论和路线方针政策、忠诚干净担当的干部，对政治不合格的干部实行“一票否决”，已经在领导岗位的坚决调整。

（2）严格执行《党政领导干部选拔任用工作条例》，在选人用人中进一步突出政治标准，强化政治把关。制定实施《党政领导干部考核工作条例》，建立健全领导干部政治素质识别和评价机制，强化对干部政治忠诚、政治定力、政治担当、政治能力、政治自律等方面的深入考察考核，坚决把政治上的两面人挡在门外。

（3）匡正选人用人风气，坚持不懈整治选人用人上的不正之风，对任人唯亲、说情打招呼、跑官要官、买官卖官、拉票贿选等行为发现一起查处一起，对“带病提拔”的干部实行倒查，对政治标准把关不严的严肃处理。严格执行干部选拔任用工作纪实制度，对私自干预下级或者原任职地方和单位选人用人的，记录在案并严肃追究责任。

36. 涵养政治生态的必要条件和重要任务是什么？

坚决反对腐败，建设廉洁政治，是涵养政治生态的必要条件和重要任务。

（1）强化不敢腐的震慑，坚持反腐败无禁区、全覆盖、零容忍，坚持重遏制、强高压、长震慑，运用监督执纪“四种形态”，重点查处党的十八大以来不收敛、不收手，问题线索反映集中、群众反映强烈，政治问题和经济问题交织的腐败案件，严肃查处违反中央八项规定精神的问题，持续保持反腐败高压态势。

（2）扎紧不能腐的笼子，健全党和国家监督体系，加强对权力运行的制约和监督，通过改革和制度创新切断利益输送链条。特别要针对管人管钱管物管项目的单位和岗位，查找廉政风险点，通过科学管理、严格监督和发挥巡视利剑作用，切实管住权力，坚决反对特权行为和特权现象，让人民群众真正感受到清正干部、清廉政府、清明政治就在身边。

（3）增强不想腐的自觉，领导干部特别是高级干部要带头加强党性修养，知敬畏、存戒惧、守底线，坚决防范被利益集团“围猎”，持之以恒锤炼政德，明大德、守公德、严私德，带头遵守《中国共产党廉洁自律准则》，注重家庭家教家风，自觉做廉洁自律、廉洁用权、廉洁齐家的模范。

37. 为什么加强党的政治建设要抓住“关键少数”？

加强党的政治建设，要坚持抓“关键少数”和管“绝大多数”相结合，重点是抓住领导机关和领导干部，发挥其示范引领作用。

各级领导干部特别是高级干部要深刻认识自己在加强党的政治建设中的特殊重要性和肩负的重大责任，职位越高越要自觉严格要求自己，注重加强政治历练、积累政治经验、增进政治智慧，做到信念如磐、意志如铁，政治坚定、绝对忠诚，清正廉洁、担当负责，坚决做到“两个维护”，成为坚定的马克思主义者。

38. 新时代加强党的政治建设的重大意义是什么？

旗帜鲜明讲政治是我们党作为马克思主义政党的根本要求，是我们党不断发展壮大、从胜利走向胜利的重要保证。党的十八大以来，以习近平同志为核心的党中央把党的政治建设摆在更加突出位置，在坚定政治信仰、增强“四个意识”、维护党中央权威和集中统一领导、严明党的政治纪律和政治规矩、加强和规范新形势下党内政治生活、净化党内政治生态、正风肃纪、反腐惩恶等方面取得明显成效。实践证明，党的政治建设决定党的建设方向和效果，不抓党的政治建设或偏离党的政治建设指引的方向，党的其他建设就难以取得预期成效。中国特色社会主义进入新时代，我们党要以新气象新作为统揽推进伟大斗争、伟大工程、伟大事业、伟大梦想，就必须加强党的政治建设。

一方面，这是全面从严治党向纵深发展的内在需要。党的十八大以来，我们深刻认识到，党内存在的很多问题都同政治问题相关联，管党治党上的“宽松软”根子上是政治上的“宽松软”，加强党的政治建设是解决党内各种问题的治本之策。要成功应对新形势下我们党面临的“四大考验”“四种危险”，就必须把加强党的政治建设摆在首要位置，从根本上解决党内存在的思想不纯、政治不纯、组织不纯、作风不纯等问题，使我们党始终具有崇高政治理想、高尚政治追求、纯洁政治品质、严明政治纪律，永葆党的先进性和纯洁性。

另一方面，这是坚持和加强党的全面领导的必然要求。中国特色社会主义最本质的特征是中国共产党领导，中国特色社会主义制度的最大优势是中国共产党领导，党是最高政治领导力量，党的领导必须落实和体现到各方面各环节。在这个问题上，曾一度存在模糊甚至错误的认识和做法，有的认识不清、底气不足、能力不够，含糊其词不敢领导、不会领导；有的只讲业务、不讲政治，弱化党的领导，党的领导在一些地方和单位落虚落空了。这些问题都是政治问题。解决这些问题，必须不断加强党的政治建设，建立健全坚持和加强党的全面领导的组织体系、制度体系、工作体系，提高党的执政能力和领导水平，使各级各类组织都在党的集中统一领导下齐心协力、协调一致开展工作，为夺取新时代中国特色社会主义伟大胜利提供坚强政治保证。

第二章

党的思想建设

1. 什么是党的思想建设?

党的思想建设是指党为保持自己的创造力、凝聚力和战斗力而用马克思主义教育和武装全党，克服和改造党内的各种非无产阶级思想的工作。

2. 党的思想建设的基本内容和主要任务是什么?

党的思想建设的基本内容和主要任务，是用马克思列宁主义、毛泽东思想、邓小平理论、“三个代表”重要思想、科学发展观、习近平新时代中国特色社会主义思想武装全党，改造和克服党内一切非无产阶级思想；对党员进行党的基本理论、基本路线、基本方略的教育，保证党的基本路线的贯彻执行。

3. 党的思想建设的实质是什么？

党的思想建设的实质是坚持马克思主义的思想领导，保持全党在思想上政治上的高度一致和党的先进性。

4. 为什么说从思想上建设党是马克思主义建党学说的一条重要原则？

马克思、恩格斯十分重视革命理论的指导作用，强调党员要接受无产阶级世界观，其他阶级成员加入共产党，要放弃原来的非无产阶级世界观。列宁在创建俄国新型无产阶级政党的过程中，强调用马克思主义武装工人阶级的重要性，指出马克思主义不能在工人中自发产生，必须自觉向工人灌输。列宁强调，只有以先进理论为指南的党，才能实现先进战士的作用。以毛泽东同志为主要代表的中国共产党人把马克思列宁主义建党学说同中国共产党的建设实践相结合，始终把思想建设作为党的基础性建设，为建设一个具有广大群众性的马克思主义政党奠定了坚实的理论基础，丰富和发展了马克思主义建党学说。

党的二十大明确要求，用习近平新时代中国特色社会主义思想武装全党。要把坚定理想信念作为党的思想建设的首要任务，教育引导全党牢记党的宗旨，挺起共产党人的精神脊梁，解决好世界观、人生观、价值观这个“总开关”问题，自觉做共产主义远大理想和中国特色社会主义共同理想的坚定信仰者和忠实实践者。弘扬马克思主义学风，推进“两学一做”学习教育常态化制度化，用党的创新理论武装头脑，推动全党更加自觉地为实现新时代党的历史使命不懈奋斗。

5. 党的宣传思想文化工作“七个着力”要求是什么？

着力加强党对宣传思想文化工作的领导；着力建设具有强大凝聚力和引领力的社会主义意识形态；着力培育和践行社会主义核心价值观；着力提升新闻舆论传播力引导力影响力公信力；着力赓续中华文脉、推动中华优秀传统文化创造性转化和创新性发展；着力推动文化事业和文化产业繁荣发展；着力加强国际传播能力建设、促进文明交流互鉴。

6. 什么是党的思想路线？

党的思想路线是一切从实际出发，理论联系实际，实事求是，在实践中检验真理和发展真理。全党必须坚持这条思想路线，积极探索，大胆试验，开拓创新，创造性地开展工作，不断研究新情况，总结新经验，解决新问题，在实践中丰富和发展马克思主义，推进马克思主义中国化时代化。

7. 如何理解“着重从思想上建党”？

“着重从思想上建党”是毛泽东建党思想的基本理论观点之一，集中体现在毛泽东 1929 年 12 月发表的《关于纠正党内的错误思想》一文中。

1927 年第一次国内革命战争失败以后，中国共产党把工作重心由城市转移到农村，在农村发动群众，开展游击战争，进行土地革命，建立红色政权，恢复和发展了党的组织，开辟了井冈山革命根据地。在农村中发展党的组织，大量的农民和其他小资产阶级分子入党，势必把各种非无产阶级思想带到党内来，造成党在思想上和组织上的不纯。如何保证党的无产阶级性质，就成为当时中国共产党建设的突出问题。毛泽东正是在这样的背景下提出了“着重从思想上建党”的重要思想。第一，毛泽东深刻阐明了党在中国革命中的领导地位和加强党的思想建设的重要性。当时是实行工农武装割据，军队是实现“工农武装割据”的主要条件，党对革命的领导主要表现在对革命军队的领导。毛泽东强调党必须领导军队，指出有无党的领导是“红军”和“白军”的根本区别，彻底纠正党内的各种非无产阶级思想，才能使党担负起领导革命的伟大任务。第二，毛泽东深刻阐明了着重从思想上建党的基本思路。他具体分析了党内的思想状况，指出党内各种错误思想的来源主要是党内农民和其他小资产阶级成分的大量增加，而党内对错误思想缺乏坚决的斗争和对党员缺乏正确路线的教育，则是使错误思想得以存在和发展的重要原因。为了着重从思想上加强党的建设，必须反对主观主义及各种各样的个人主义。在党内生活中，必须实行民主集中制，加强党的纪律，反对极端民主化倾向，实行少数服从多数、下级服从上级，实行集中指导下的民主。他还阐明了正确开展党内思想斗争的方法，这就是用批评和自我批评的方法，帮助党员改正思想上、政治上、组织上的错误，加强党的组织，增强党的战斗力。毛泽东“着重从思想上建党”的思想，把马克思列宁主义建党学说同中国共产党建设的实践相结合，阐明了中国共产党加强党的建设的基本原则，开始形成了适合中国特点的加强党的建设的正确路线。

8. 什么是马克思主义理论研究和建设工程？

马克思主义理论研究和建设工程是巩固马克思主义在

意识形态领域指导地位的基础工程，是一项重大的理论创新工程。2004 年 1 月，中共中央发出《关于进一步繁荣发展哲学社会科学的意见》，提出实施马克思主义理论研究和建设工程。之后，中共中央办公厅转发《中央宣传思想工作领导小组关于实施马克思主义理论研究和建设工程的意见》，对实施工程作出部署。实施这一工程，是党中央面对新的形势、立足新的实践、着眼新的任务作出的一项具有全局意义的重大战略决策，是不断开辟马克思主义发展新境界的必然要求，是加强党的理论建设、保持党的先进性、巩固党的执政地位的重要保证，充分表明了中央领导集体对党的理论建设的高度重视，充分体现了中央领导集体政治上的坚定清醒和理论上的高度自觉。

深入实施马克思主义理论研究和建设工程，要充分发挥工程成果在推进马克思主义中国化、时代化、大众化进程中的重要作用，更好地促进马克思主义与中国实际相结合，更好地反映时代精神、回答时代课题，更好地为人民大众所理解和掌握。

9. 习近平新时代中国特色社会主义思想的主要内容是什么？

党的十八大以来，以习近平同志为主要代表的中国共产党人，坚持把马克思主义基本原理同中国具体实际相结合、同中华优秀传统文化相结合，科学回答了新时代坚持和发展什么样的中国特色社会主义、怎样坚持和发展中国特色社会主义等重大时代课题，创立了习近平新时代中国特色社会主义思想。习近平新时代中国特色社会主义思想是对马克思列宁主义、毛泽东思想、邓小平理论、“三个代表”重要思想、科学发展观的继承和发展，是当代中国马克思主义、21 世纪马克思主义，是中华文化和中国精神的时代精华，是党和人民实践经验和集体智慧的结晶，是中国特色社会主义理论体系的重要组成部分，是全党全国人民为实现中华民族伟大复兴而奋斗的行动指南，必须长期坚持并不断发展。

党的二十大报告明确指出，“十个明确”“十四个坚持”“十三个方面成就”概括了习近平新时代中国特色社会主义思想的主要内容。

10.“十个明确”的具体内容是什么？

“十个明确”的具体内容是明确中国特色社会主义最本质的特征是中国共产党领导，中国特色社会主义制度的最大优势是中国共产党领导，中国共产党是最高政治领导力量，全党必须增强“四个意识”、坚定“四个自信”、做到“两个维护”；明确坚持和发展中国特色社会主义，总任务是实现社会主义现代化和中华民族伟大复兴，在全面建成小康社会的基础上，分两步走在本世纪中叶建成富强民主文明和谐美丽的社会主义现代化强国，以中国式现代化推进中华民族伟大复兴；明确新时代我国社会主要矛盾是人民日益增长的美好生活需要和不平衡不充分的发展之间的矛盾，必须坚持以人民为中心的发展思想，发展全过程人民民主，推动人的全面发展、全体人民共同富裕取得更为明显的实质性进展；明确中国特色社会主义事业总体布局是经济建设、政治建设、文化建设、社会建设、生态文明建设五位一体，战略布局是全面建设社会主义现代化国家、全面深化改革、全面依法治国、全面从严治党四个全面；明确全面深化改革总目标是完善和发展中国特色社会主义制度、推进国家治理体系和治理能力现代化；明确全面推进依法治国总目标是建设中国特色社会主义法治体系、建设社会主义法治国家；明确必须坚持和完善社会主义基本经济制度，使市场在资源配置中起决定性作用，更好发挥政府作用，把握新发展阶段，贯彻创新、协调、绿色、开放、共享的新发展理念，加快构建以国内大循环为主体、国内国际双循环相互促进的新发展格局，推动高质量发展，统筹发展和安全；明确党在新时代的强军目标是建设一支听党指挥、能打胜仗、作风优良的人民军队，把人民军队建设成为世界一流军队；明确中国特色大国外交要服务民族复兴、促进人类进步，推动建设新型国际关系，推动构建人类命运共同体；明确全面从严治党的战略方针，提出新时代党的建设总要求，全面推进党的政治建设、思想建设、组织建设、作风建设、纪律建设，把制度建设贯穿其中，深入推进反腐败斗争，落实管党治党政治责任，以伟大自我革命引领伟大社会革命。

11.“十四个坚持”的具体内容是什么？

“十四个坚持”的具体内容是坚持党对一切工作的领导，坚持以人民为中心，坚持全面深化改革，坚持新发展理念，坚持人民当家作主，坚持全面依法治国，坚持社会主义核心价值体系，坚持在发展中保障和改善民生，坚持人与自然和谐共生，坚持总体国家安全观，坚持党对人民军队的绝对领导，坚持“一国两制”和推进祖国统一，坚持推动构建人类命运共同体，坚持全面从严治党。

12.“十三个方面成就”的具体内容是什么？

“十三个方面成就”的具体内容是在坚持党的全面领导上，党中央权威和集中统一领导得到有力保证，党的领导制度体系不断完善，党的领导方式更加科学，全党思想上更加统一、政治上更加团结、行动上更加一致，党的政治领导力、思想引领力、群众组织力、社会号召力显著增强；在全面从严治党上，经过坚决斗争，全面从严治党的政治引领和政治保障作用充分发挥，党的自我净化、自我完善、自我革新、自我提高能力显著增强，管党治党宽松软状况得到根本扭转，反腐败斗争取得压倒性胜利并全面巩固，消除了党、国家、军队内部存在的严重隐患，党在革命性锻造中更加坚强；在经济建设上，我国经济发展平衡性、协调性、可持续性明显增强，国内生产总值突破百万亿元大关，人均国内生产总值超过一万美元，国家经济实力、科技实力、综合国力跃上新台阶，我国经济迈上更高质量、更有效率、更加公平、更可持续、更为安全的发展之路；在全面深化改革开放上，党不断推动全面深化改革向广度和深度进军，中国特色社会主义制度更加成熟更加定型，国家治理体系和治理能力现代化水平不断提高，党和国家事业焕发出新的生机活力；在政治建设上，我国社会主义民主政治制度化、规范化、程序化全面推进，中国特色社会主义政治制度优越性得到更好发挥，生动活泼、安定团结的政治局面得到巩固和发展；在全面依法治国上，中国特色社会主义法治体系不断健全，法治中国建设迈出坚实步伐，法治固根本、稳预期、利长远的保障作用进一步发挥，党运用法治方式领导和治理国家的能力显著增强；在文化建设上，我国意识形态领域形势发生全局性、根本性转变，全党全国各族人民文化自信明显增强，全社会凝聚力和向心力极大提升，为新时代开创党和国家事业新局面提供了坚强思想保证和强大精神力量；在社会建设上，我国社会建设全面加强，人民生活全方位改善，社会治理社会化、法治化、智能化、专业化水平大幅度提升，发展了人民安居乐业、社会安定有序的良好局面，续写了社会长期稳定奇迹；在生态文明建设上，党中央以前所未有的力度抓生态文明建设，全党全国推动绿色发展的自觉性和主动性显著增强，美丽中国建设迈出重大步伐，我国生态环境保护发生历史性、转折性、全局性变化；在国防和军队建设上，在党的坚强领导下，人民军队实现整体性革命性重塑、重整行装再出发，国防实力和经济实力同步提升，一体化国家战略体系和能力加快构建，建立健全退役军人管理保障体制，国防动员更加高效，军政军民团结更加巩固。人民军队坚决履行新时代使命任务，以顽强斗争精神和实际行动捍卫了国家主权、安全、发展利益；在维护国家安全上，国家安全得到全面加强，经受住了来自政治、经济、意识形态、自然界等方面的风险挑战考验，为党和国家兴旺发达、长治久安提供了有力保证；在坚持“一国两制”和推进祖国统一上，实践证明，有中国共产党的坚强领导，有伟大祖国的坚强支撑，有全国各族人民包括香港特别行政区同胞、澳门特别行政区同胞和台湾同胞的同心协力，香港、澳门长期繁荣稳定一定能够保持，祖国完全统一一定能够实现；在外交工作上，经过持续努力，中国特色大国外交全面推进，构建人类命运共同体成为引领时代潮流和人类前进方向的鲜明旗帜，我国外交在世界大变局中开创新局、在世界乱局中化危为机，我国国际影响力、感召力、塑造力显著提升。

13. 什么是党的思想政治工作？

党的思想政治工作是指党开展的解决人的思想、观念、政治立场问题，提高人们思想觉悟的工作。思想政治工作是党的工作的重要组成部分，是经济工作和其他一切工作的有力保证。1955 年，毛泽东提出了“政治工作是一切经济工作的生命线”的科学论断。这是对思想政治工作的地位和作用的形象概括。《关于建国以来党的若干历史问题的决议》充分肯定了这一论断，指出“思想政治工作是经济工作和其他一切工作的生命线”，并强调这是“具有长远意义的重要思想”。

14. 党的思想政治工作的主要内容有哪些？

党的思想政治工作的主要内容有两个方面：一是进行系统的共产主义和中国特色社会主义思想教育，就是用共产主义和中国特色社会主义的理想、信念、精神和道德来教育、培养社会主义和共产主义新人；二是进行日常和适时的各项专题思想教育。党的思想政治工作必须服从和服务于党的中心工作。思想政治工作和经济工作及其他一切业务工作的关系不是领导和指导关系，而是服务和保证关系，即思想政治工作为经济工作和其他一切业务工作服务，保证经济工作和其他一切业务工作的社会主义性质和方向。

15. 党的思想政治工作的基本原则是什么？

党的思想政治工作的原则是根据思想政治工作的客观规律和人们的主观意图制定的，中国共产党在长期的思想政治工作实践中总结和概括出一系列基本原则，主要有：

（1）理论联系实际的原则，即把学习和宣传先进理论同解决革命、建设、改革的实际问题相结合，用马克思主义的立场、观点和方法指导自己的实践活动，解决实际问题。

（2）思想政治工作与业务工作相结合的原则，即要使思想政治工作落到实处，为各项业务工作指明正确的政治方向，使各项业务活动执行和体现党的路线、方针和政策。

（3）表扬与批评相结合、以表扬为主的原则，即善于发现工作对象的优点和长处，通过表扬树立先进榜样，带动后进；结合必要的批评，抑制消极因素。还要善于从消极因素中发现积极因素，促进其向好的方面转化。

（4）思想政治工作与物质利益相结合的原则，即坚持唯物主义关于物质与精神辩证关系的原理，在提高群众思想认识的同时，要切实帮助群众解决切身利益问题。

（5）耐心说服教育与严格的组织纪律相结合的原则，即立足于说服教育，循循善诱，耐心等待其觉悟，同时对不服教诲、坚持错误的辅以严格的组织纪律处分。

（6）身教同言教相结合、身教重于言教的原则，即领导干部和思想政治工作者在对群众进行言教的同时，必须严于律己，身体力行，言行一致，为人师表。

上述 6 条基本原则，在党组织的各个层级中都适用。

16. 党的思想政治工作的方针是什么？

党的思想政治工作方针是由思想政治工作的特点和性质决定的。做好思想政治工作应遵循以下方针：

（1）为党的基本路线服务，是思想政治工作的基本指导方针。在新的历史时期，上层建筑归根结底是为发展生产力服务的。党的思想政治工作属于上层建筑范畴，必须为发展我国社会生产力，为社会主义现代化建设服务。党在社会主义初级阶段的基本路线，反映着全国各族人民的根本利益，关系着祖国的前途和命运，是党的全心全意为人民服务的根本宗旨的体现。思想政治工作只有服从、服务于党的基本路线，才能发挥出巨大的作用。具体到一个党支部，思想政治工作应紧紧围绕本单位的中心任务，把提高党员和群众的生产、工作积极性，提高工作效益、效率、质量，作为思想政治工作的出发点和落脚点，使思想政治工作落到实处，取得实实在在的效果，并不断丰富和发展思想政治工作的内容，使之充满生机和活力。

（2）疏导方针是思想政治工作的具体方针。所谓疏导，就是疏通和引导，就是启发教育，以理服人。疏通，即广开言路，沟通思想，使群众畅所欲言，使领导集思广益；引导，即循循善诱，引路导向。坚持疏导方针，就是在思想政治工作中要广开言论渠道，创造条件让群众畅所欲言，帮助群众实事求是地认识和分析问题。对正确的思想和意见给予采纳、支持，对不正确的思想和意见给予解释、批评。晓之以理，动之以情，授之以知，导之以行，把人们的思想引导到积极、健康、正确的方向上。疏通和引导是辩证的统一。疏通是引导的前提，引导是疏通的目的。做思想政治工作，要在坚持疏通中引导，在引导中疏通，有疏有导，疏导结合，贯穿思想政治工作过程的始终。疏导方针不仅符合人的思想发展规律，符合正确处理人民内部矛盾方针的要求，也是党相信群众、尊重群众的唯物史观的体现。在思想政治工作中坚持疏导方针，一是要从实际出发，摸清工作对象的情况，根据实际情况疏通引导；二是掌握工作对象的特点和变化，确定可行的办法，对症下药；三是要妥善处理现实与可能的关系，循序渐进地引导；四是把疏导同执行纪律结合起来，两者不可偏废。

17. 党的思想政治工作的根本任务是什么？

党的思想政治工作的根本任务，是用马克思列宁主义、毛泽东思想、邓小平理论、“三个代表”重要思想、科学发展观、习近平新时代中国特色社会主义思想教育党员干部，教育广大人民群众，启发人们的思想政治觉悟，纠正人们的错误立场和错误认识，使人们确立正确的立场、观点，掌握正确的思想方法和工作方法，并通过反复的实践，使人们的认识不断深化，提高改造世界的能力。党的思想政治工作最根本的目的，在于提高人们认识世界和改造世界的能力，在改造客观世界的同时，改造自己的主观世界。改造主观世界，有两个方面的基本内容：一是思想意识的改造；二是思想方法的改造。前者属于提高思想觉悟问题，后者属于提高认识能力问题。概括地说，就是用马克思列宁主义、毛泽东思想、邓小平理论、“三个代表”重要思想、科学发展观、习近平新时代中国特色社会主义思想和党的路线方针政策教育党员干部和广大群众，启发并提高人们的思想觉悟和认识能力，更好地为全面建设社会主义现代化国家、全面推进中华民族伟大复兴而团结奋斗。党的思想政治工作具有鲜明的党性和阶级性、实践性和群众性、广泛性和针对性。

18. 基层思想政治工作的主要内容是什么？

（1）理论学习是思想政治工作的先导。用科学的理论武装教育人，是党的思想政治工作的根本任务。基层党组织应该通过思想政治工作，引领党员群众不断强化中国特色社会主义理论体系的学习，用习近平新时代中国特色社会主义思想武装头脑，坚定社会主义的理想信念，坚定永远跟党走的信心。

（2）基层思想政治工作要把社会主义核心价值观教育融汇进去。推进社会主义核心价值观教育，是基层党组织做好思想政治工作的重要课题。基层党组织可以通过理论阐释、宣传教育、经验交流等形式，使社会主义核心价值观深入人心，并成为党员群众的共同的理想信念、价值追求和行为规范。

（3）基层思想政治工作必须联系基层实际，联系党员群众的思想动态，“解扣子，指路子”，有的放矢地开展工作。思想政治工作，说到底就是针对人们思想中的种种疑虑、矛盾，通过适当的方式，宣传科学、正确的道理，帮助人们解开思想上的疙瘩，树立正确的世界观、人生观和价值观，以更积极的姿态投入生活、投入工作。

19. 社会主义核心价值体系的主要内涵是什么？

党的十六届六中全会《中共中央关于构建社会主义和谐社会若干重大问题的决定》指出，马克思主义指导思想，中国特色社会主义共同理想，以爱国主义为核心的民族精神和以改革创新为核心的时代精神，社会主义荣辱观，构成社会主义核心价值体系的基本内容。其中，马克思主义指导思想，是社会主义核心价值体系的灵魂，为我们提供了科学的世界观和方法论，决定着社会主义核心价值体系的性质和方向；中国特色社会主义共同理想，是社会主义核心价值体系的主题，即在中国共产党的领导下，走中国特色社会主义道路，实现中华民族的伟大复兴；民族精神和时代精神，是社会主义核心价值体系的精髓，是一个民族赖以生存和发展的精神支撑；社会主义荣辱观，是社会主义核心价值体系的基础，是社会和谐和国家长治久安的基石。

20. 社会主义核心价值观的基本内容是什么？

社会主义核心价值观是社会主义核心价值体系的内核，体现社会主义核心价值体系的根本性质和基本特征，反映社会主义核心价值体系的丰富内涵和实践要求，是社会主义核心价值体系的高度凝练和集中表达。党的十八大提出，倡导富强、民主、文明、和谐，倡导自由、平等、公正、法治，倡导爱国、敬业、诚信、友善，积极培育和践行社会主义核心价值观。这 24 个字是社会主义核心价值观的基本内容。富强、民主、文明、和谐是国家层面的价值目标，自由、平等、公正、法治是社会层面的价值取向，爱国、敬业、诚信、友善是公民个人层面的价值准则。

21. 什么是世界观、人生观、价值观？

（1）世界观是人们对整个世界以及人与世界关系的总的看法和根本观点。资产阶级的世界观就是要维护资本主义的剥削制度；无产阶级的世界观就是要推翻资本主义的剥削制度，建立更加公正、合理、平等的社会主义、共产主义制度。这两种世界观是相互对立的，总是在不断斗争。各种不同的世界观，归根结底不是唯物主义的，就是唯心主义的，并对社会的发展起着不同的作用。

（2）人生观是人们在实践中形成的对于人生目的和意义的根本看法，它决定着人们实践活动的目标、人生道路的方向，也决定着人们行为选择的价值取向和对待生活的态度。人生观内容包括幸福观、苦乐观、生死观、荣辱观、恋爱观等。它是世界观的一个重要组成部分，受到世界观的制约。人生观主要是通过人生目的、人生态度和人生价值 3 个方面体现出来的。

（3）价值观是基于人的一定的思维感官之上而作出的认知、理解、判断或抉择，也就是人认定事物、辨定是非的一种思维或取向，从而体现出（人、事、物）一定的价值或作用。

22. 什么是权力观、政绩观？

权力观是指人们对权力的总的看法，包括对权力的来源、掌握权力的目的、行使权力的方式、为谁掌权、为谁服务等问题的认识和态度。

政绩观是对政绩的总体认识和根本观点，解决的是政绩为谁而树、树什么样的政绩、靠什么树政绩的问题。政绩观直接反映干部从政的价值取向，是干部履职尽责、干事创业的思想基础。

23. 什么是共产主义理想?

共产主义理想是工人阶级及其政党以实现共产主义为基本内容的奋斗目标，是共产党人的最高理想。它是由马克思和恩格斯通过批判地吸收空想社会主义的思想成果，运用辩证唯物主义和历史唯物主义的科学世界观分析社会发展的客观规律，认真总结工人运动的实践经验而提出来的一种光辉的社会理想。共产主义理想的鲜明特点包括：

（1）它是人类历史上最美好的理想。在共产主义社会，生产力高度发展，物质财富极大丰富，人们的思想觉悟和道德品质极大提高，阶级对立和“三大差别”最后消失，全社会实行“各尽所能、按需分配”的原则，人人都可以过上幸福美好的生活。

（2）它是人类历史上最科学的理想。共产主义理想不同于其他理想的根本区别就在于它不是从主观愿望或抽象人性出发提出的空想，而是建立在马克思主义唯物史观和剩余价值学说基础之上的，是符合人类社会发展客观规律的科学预见。这一理想的实现，具有历史的、客观的必然性。

（3）它是人类历史上最崇高的理想。以往一切剥削阶级的社会理想都只代表了少数人的利益，而共产主义理想则不同，它不仅代表了工人阶级的利益，而且代表了全人类的长远利益和共同利益，体现了工人阶级和最广大人民群众利益的一致性。这一理想的完全实现，标志着全人类的彻底解放，标志着工人阶级自身的最后解放。共产主义理想的这些特点，决定了它是一面伟大的、公开的思想旗帜，是吸引和鼓舞无产阶级和人民群众团结奋斗、推动社会历史车轮前进的巨大动力。实现现阶段我国各族人民的共同理想，是共产主义发展过程中的一个阶段和重要组成部分。

24. 什么是中国特色社会主义信念？

中国特色社会主义信念是指在社会主义事业中，我们既要坚定自己的共产主义理想，为共产主义奋斗终身，又要坚持中国特色社会主义信念，脚踏实地地为建设中国特色社会主义事业贡献力量。理想信念是人们的政治信仰和世界观在奋斗目标上的具体体现。共产主义理想和社会主义信念，是共产党人的崇高追求和强大精神支柱，是共产党员先进性的思想基础。因此，在弄清楚了世界观、人生观、价值观的问题以后，根本上还要靠身体力行来进一步坚定我们的理想信念，发挥共产党员的表率示范作用。

25. 为什么说理想信念是共产党人精神上的“钙”？

习近平总书记指出：“理想信念就是共产党人精神上的‘钙’，没有理想信念，理想信念不坚定，精神上就会‘缺钙’，就会得‘软骨病’。”这段论述，把“钙”引入政治生活领域，高度概括了坚定理想信念的重要意义，科学分析了信仰迷茫的严重危害，进一步强调了加强理想信念对于矢志不渝地为实现中国特色社会主义共同理想而奋斗的巨大作用。崇高的理想信念，始终是共产党人保持先进性的精神动力。党员干部要经受住执政考验、改革开放考验、市场经济考验和外部环境考验，决不能丢掉共产主义信仰。

26. 新时代思想政治教育的主要任务是什么？

做好思想政治工作，必须抓好思想政治教育。新时代思想政治教育主要有以下 6 个方面的任务：

（1）坚持用习近平新时代中国特色社会主义思想武装全党、教育人民。健全用党的创新理论武装全党、教育人民工作体系，完善党委（党组）理论学习中心组等各层级学习制度，深入实施马克思主义理论研究和建设工程，适应不同群体和受众特点加强理论宣传普及，落实意识形态工作责任制。

（2）推动理想信念教育常态化制度化。广泛开展中国特色社会主义和中国梦宣传教育，加强爱国主义、集体主义、社会主义教育，弘扬党和人民在各个历史时期奋斗中形成的伟大精神，开展以劳动创造幸福为主题的宣传教育，加强马克思主义唯物论和无神论教育。

（3）培育和践行社会主义核心价值观。坚持贯穿结合融入、落细落小落实，聚焦聚力培养担当民族复兴大任的时代新人，加强教育引导、实践养成、制度保障，推动社会主义核心价值观融入社会发展和百姓生活。

（4）加强党史、新中国史、改革开放史、社会主义发展史、中华民族发展史和形势政策教育。以党史为重点系统学习“五史”，加强形势政策宣传教育，深入实施红色基因传承工程，旗帜鲜明反对历史虚无主义，继往开来走好新时代长征路。

（5）加强社会主义法治教育。深入学习宣传习近平法治思想，开展宪法宣传教育，完善国家工作人员学法用法制度，增强全民法治观念，加大党章党规党纪宣传力度，夯实依法治国群众基础。

（6）增强忧患意识、发扬斗争精神。坚持底线思维，广泛开展防范化解重大风险宣传教育，深入学习宣传总体国家安全观，加强全民国防教育。

27. 新时代如何加强农村思想政治工作？

加强农村精神文明和思想道德建设，开展弘扬时代新风和移风易俗行动，抵制腐朽落后文化侵蚀，培养有理想、有道德、有文化、有纪律的新时代农民。

农村基层党组织要宣传党组织和党员先进事迹，宣传好人好事，弘扬真善美，传播正能量。了解群众思想状况，帮助解决实际困难，引导群众自觉听党话、感党恩、跟党走。

28. 新时代如何加强机关思想政治工作？

坚持把带头做到“两个维护”作为机关思想政治工作的首要任务，深化政治机关意识教育，开展模范机关创建活动，开展对党忠诚教育，开展作风建设专项整治行动，努力建设讲政治、守纪律、负责任、有效率的模范机关。

机关基层党组织要围绕党和国家重要工作部署以及本单位业务工作，针对机关工作人员的思想情况，做好其思想政治工作。对机关工作人员进行政治理论教育，爱国主义、集体主义、社会主义教育，形势政策教育，纪律和廉政教育，政治品德、职业道德、社会公德、家庭美德教育，引导机关工作人员弘扬优良传统作风，保持为民务实清廉的政治本色。将解决思想问题与解决实际问题相结合，增强思想政治工作的实效。定期向党的机关工作委员会和本单位党组（党委）汇报机关思想政治工作情况，并提出改进工作的意见和建议。

29. 新时代如何加强街道社区思想政治工作？

健全街道社区党组织领导基层群众性自治组织开展思想政治工作的相关制度，加强街道社区思想政治工作网格化建设，统筹发挥社会力量协同作用，使思想政治工作真正深入到城市群众生产和生活中去。

30. 新时代如何加强科研院所思想政治工作？

科研院所党组织要紧密结合本单位的实际，与院（所）长密切配合，切实加强思想政治工作，充分发挥广大科研人员的积极性、主动性和创造性，努力建设有理想、有道德、有文化、有纪律的职工队伍。

第三章

党的组织建设

1. 什么是党的组织？

党的组织是指党根据自己的纲领和章程，按照民主集中制原则，由全体党员组织起来的统一的有机体，是党的首脑（中央）和党的各级组织以及广大党员群众的统一体。

党的组织由中央组织、地方组织和基层组织 3 个部分构成，是一个完整的组织体系。

（1）党的中央组织，即指党的全国代表大会和它选举产生的中央委员会、中央纪律检查委员会；由中央委员会全体会议选举产生的中央政治局和中央政治局常务委员会；由中央政治局常务委员会提名、中央委员会全体会议通过的中央书记处；由中央委员会决定的中央军事委员会。

（2）党的地方组织是指党的省、自治区、直辖市，设区的市和自治州以及县（旗）、自治县、不设区的市和市辖区的代表大会和它们所产生的委员会，还包括经党代表大会选举产生的纪律检查委员会。

党的地区委员会和相当于地区委员会的组织，是党的省、自治区委员会在几个县、自治县、市范围内派出的代表机关。它根据省、自治区委员会的授权，领导本地区的工作。

（3）党的基层组织包括党的基层委员会、总支部委员会和支部委员会。它是根据工作需要和党员人数，经上级党组织批准而建立起来的。党章规定，企业、农村、机关、学校、医院、科研院所、街道社区、社会组织、人民解放军连队和其他基层单位，凡是有正式党员3人以上的，都应当成立党的基层组织。

2. 党的组织建设主要包括哪些内容？

党的组织建设是党的自身建设的一个重要方面，主要包括民主集中制建设、党的基层组织建设、干部队伍建设和党员队伍建设等内容。

（1）民主集中制建设是党的组织建设的重要任务。其主要内容包括：以保障党员民主权利为基础，以完善党的代表大会制度和党的委员会制度为重点，从改革体制机制入手，建立健全充分反映党员和党组织意愿的党内民主制度。按照集体领导、民主集中、个别酝酿、会议决定的原则，完善党委内部的议事和决策机制等。

（2）党的基层组织建设是党的组织建设的基础性工作。新时代加强党的基层组织建设，要以提升组织力为重点，突出政治功能，把企业、农村、机关、学校、医院、科研院所、街道社区、社会组织等基层党组织建设成为宣传党的主张、贯彻党的决定、领导基层治理、团结动员群众、推动改革发展的坚强战斗堡垒。党支部要担负好直接教育党员、管理党员、监督党员和组织群众、宣传群众、凝聚群众、服务群众的职责，引导广大党员发挥先锋模范作用。坚持“三会一课”制度，推进党的基层组织设置和活动方式创新，加强基层党组织带头人队伍建设，扩大基层党组织覆盖面，着力解决一些基层党组织弱化、虚化、边缘化问题。扩大党内基层民主，推进党务公开，畅通党员参与党内事务、监督党的组织和干部、向上级党组织提出意见和建议的渠道。注重从产业工人、青年农民、高知识群体中和在非公有制经济组织、社会组织中发展党员。加强党内激励关怀帮扶。增强党员教育管理针对性和有效性，稳妥有序开展不合格党员组织处置工作。

（3）干部队伍建设在党的组织建设中居于核心地位。其主要内容包括：坚持党管干部原则，坚持德才兼备、以德为先，坚持五湖四海、任人唯贤，坚持事业为上、公道正派，把好干部标准落到实处。坚持正确选人用人导向，匡正选人用人风气，突出政治标准，提拔重用牢固树立“四个意识”和“四个自信”、坚决维护党中央权威、全面贯彻执行党的理论和路线方针政策、忠诚干净担当的干部，选优配强各级领导班子。注重培养专业能力、专业精神，增强干部队伍适应新时代中国特色社会主义发展要求的能力。大力发现储备年轻干部，注重在基层一线和困难艰苦的地方培养锻炼年轻干部，源源不断选拔使用经过实践考验的优秀年轻干部。统筹做好培养选拔女干部、少数民族干部和党外干部工作。认真做好离退休干部工作。坚持严管和厚爱结合、激励和约束并重，完善干部考核评价机制，建立激励机制和容错纠错机制，旗帜鲜明为那些敢于担当、踏实做事、不谋私利的干部撑腰鼓劲。各级党组织要关心爱护基层干部，主动为他们排忧解难。

（4）党员队伍建设是党的组织建设的又一重要内容。其主要内容包括：坚持党员标准，加强和改进党员教育管理工作，提高党员素质，增强党员党性，保持党的先进性和纯洁性，增强党的战斗力和凝聚力。充分发挥每个党员的先锋模范作用。严格党员管理教育，坚持民主评议党员制度，及时清除腐败分子，妥善处理不合格党员。同时，要重视培养、吸收生产第一线的工人、农民、知识分子中的优秀分子入党，加强在新兴领域发展党员的工作。

3. 新时代党的组织路线是什么？

新时代党的组织路线是全面贯彻习近平新时代中国特色社会主义思想，以组织体系建设为重点，着力培养忠诚干净担当的高素质干部，着力集聚爱国奉献的各方面优秀人才，坚持德才兼备、以德为先、任人唯贤，为坚持和加强党的全面领导、坚持和发展中国特色社会主义提供坚强组织保证。新时代党的组织路线是理论的也是实践的，要在推进党的建设新的伟大工程、落实全面从严治党的实践中切实贯彻落实。

4. 党的组织原则是什么？

党章第十条规定：“党是根据自己的纲领和章程，按照民主集中制组织起来的统一整体。”民主集中制是民主基础上的集中和集中指导下的民主相结合。它既是党的根本组织原则，也是群众路线在党的生活中的运用。坚持民主集中制，是党的建设必须坚决实现的 6 项基本要求之一。

党的十九大报告把“坚持民主集中制”作为新时代坚持和发展中国特色社会主义的基本方略的重要内容加以明确。党的二十大报告进一步强调了民主集中制的重要性。

民主集中制包括民主和集中两个方面，两者互为条件、相辅相成、缺一不可。不能将“民主基础上的集中”简单等同于“集中”，不能将“集中指导下的民主”简单等同于“民主”。民主集中制是一个过程，即要经历民主基础上的集中和集中指导下的民主的过程。这样的过程将循环往复。

党的民主集中制的基本原则是：

（1）党员个人服从党的组织，少数服从多数，下级组织服从上级组织，全党各个组织和全体党员服从党的全国代表大会和中央委员会。

（2）党的各级领导机关，除它们派出的代表机关和在非党组织中的党组外，都由选举产生。

（3）党的最高领导机关，是党的全国代表大会和它所产生的中央委员会。党的地方各级领导机关，是党的地方各级代表大会和它们所产生的委员会。党的各级委员会向同级的代表大会负责并报告工作。

（4）党的上级组织要经常听取下级组织和党员群众的意见，及时解决他们提出的问题。党的下级组织既要向上级组织请示和报告工作，又要独立负责地解决自己职责范围内的问题。上下级组织之间要互通情报、互相支持和互相监督。党的各级组织要按规定实行党务公开，使党员对党内事务有更多的了解和参与。

（5）党的各级委员会实行集体领导和个人分工负责相结合的制度。凡属重大问题都要按照集体领导、民主集中、个别酝酿、会议决定的原则，由党的委员会集体讨论，作出决定；委员会成员要根据集体的决定和分工，切实履行自己的职责。

（6）党禁止任何形式的个人崇拜。要保证党的领导人的活动处于党和人民的监督之下，同时维护一切代表党和人民利益的领导人的威信。

5. 党的组织工作遵循的原则是什么？

《中国共产党组织工作条例》规定，党的组织工作应遵循以下原则：

（1）坚持党的全面领导。

（2）坚持组织路线服务政治路线。

（3）坚持民主集中制。

（4）坚持党的群众路线。

（5）坚持党管干部、党管人才。

（6）坚持德才兼备、以德为先、任人唯贤。

（7）坚持党的组织和党的工作全覆盖。

（8）坚持实事求是、公道正派。

（9）坚持依法依规、科学规范。

6. 设置基层党组织的基本条件是什么？

党的基层组织，根据工作需要和党员人数，经上级党组织批准，分别设立党的基层委员会、总支部委员会、支部委员会。

基层党组织设置遵循两条基本原则：一是“根据人数”；二是“根据工作需要”。“根据人数”是常态，“根据工作需要”是变通。

“根据人数”是指党员人数超过 100 名的基层单位，经上级组织批准可成立党的基层委员会；党员人数 50 名以上、100 名以下的基层单位，经上级党组织批准，可成立党的总支部委员会；正式党员 3 名，不足 50 名的基层单位，经上级党组织批准可成立党支部；正式党员不足 3 名的基层单位，可按照业务相近、地域相邻等原则成立联合党支部。其中，党员超过 7 名的党支部应设立支部委员会。

“根据工作需要”，即在一些对国计民生影响重大的科研院所、工矿企业、外交外贸机构和边防要塞机关，虽然党员不足 100 人或 50 人，但领导力量配备较强，经上级党委批准，也可以设立党的基层委员会或总支部委员会。

根据《中国共产党支部工作条例（试行）》，结合实际可以创新设置党支部。

（1）规模较大、跨区域的农民专业合作组织，专业市场、商业街区、商务楼宇等，符合条件的，应当成立党支部。

（2）正式党员不足3人的单位，应当按照地域相邻、行业相近、规模适当、便于管理的原则，成立联合党支部。联合党支部覆盖单位一般不超过5个。

（3）为期6个月以上的工程、工作项目等，符合条件的，应当成立党支部。

（4）流动党员较多，工作地或者居住地相对固定集中，应当由流出地党组织商流入地党组织，依托园区、商会、行业协会、驻外地办事机构等成立流动党员党支部。

7. 成立党的基层组织的程序是什么？

根据党员人数和工作需要，成立新的党的基层组织的，一般由基层单位提出申请，由上级党组织召开会议研究决定并批复。根据工作需要，上级党组织可以直接作出在基层单位成立基层党组织的决定。

上级党组织审批同意或作出成立基层党组织的决定后，一般情况下，由基层单位召开党员大会或党员代表大会，选举产生党的基层委员会、总支部委员会、支部委员会或不设支部委员会的党支部书记、副书记。批复和选举结果报上级党委组织部门备案。

根据上级党组织批复成立基层党组织的决定，新成立基层党组织按照以下两种情形分别做好选举工作：一种是上级党组织批复成立基层党组织时，仅明确委员会组成人员有关职数的，可由上级党组织指定一名党员牵头负责党组织选举筹备工作，由其召集全体党员或党员代表，集体研究决定有关选举的重要事项，报上级党组织审批。另一种是上级党组织批复成立基层党组织时，明确了委员会组成人员职数以及书记、副书记或常委的，由书记主持召开党委常委会会议或党委扩大会议或党员大会等，集体研究决定有关选举的重要事项，报上级党组织审批。比如，研究代表名额及构成、委员名额及提名原则等。选举工作的具体组织实施，按《中国共产党基层组织选举工作条例》规定办理。新成立的基层党组织应及时召开党员大会或者党员代表大会进行选举。暂不具备选举条件的，也应在 1 年内进行。

8. 党的基层组织调整撤销的情形和程序是什么？

根据党员人数变化和工作任务的需要，党的基层组织应适时进行调整或撤销。一是根据党员人数变化进行调整或撤销。一般当党支部党员人数超过 50 人或正式党员不足 3 人，党总支党员人数超过 100 人或少于 50 人，基层党委党员人数少于 100 人时，要予以调整或撤销。在实际工作中，调整或撤销基层党组织，要充分考虑基层单位的实际情况，要有利于基层党组织开展工作、发挥战斗堡垒作用。二是根据基层党组织所在单位、区域变化进行调整，如在机构改革中出现单位合并或撤销，要相应地进行党的组织的调整或撤销。

党的基层组织的调整或撤销，一般由原党组织报上级党组织批准，也可以由上级党组织直接作出决定，并报上级党委组织部门备案。

党组织调整的，按照有关规定做好委员会的选举；党组织撤销的，原党的委员会组成人员相关职务自行免除，有关党组织按照上级要求做好原党组织的材料交接和党员组织关系的转接工作。

为执行某项任务临时组建的机构设立临时党支部的，临时组建的机构撤销后，临时党支部自然撤销。

9. 党的基层组织设立的委员会是如何选举产生的?

党的基层组织设立的委员会的产生有两条途径：一是

由党员大会选举产生；二是由党员代表大会选举产生（党员人数在 500 名以上或所辖党组织驻地分散的，经上级党组织批准，可以召开党员代表大会进行选举）。

召开党员大会选举的，可由上届党的委员会根据所辖多数党组织的意见提出候选人，报上级党组织审查同意后，提交党员大会进行选举。召开党员代表大会的，由上届党的委员会根据所辖多数党组织的意见提出候选人，报上级党组织审查同意后，提请大会主席团讨论通过，由大会主席团提交各代表团（组）酝酿讨论，根据多数代表的意见确定候选人，提交党员代表大会进行选举。

党的基层组织设立的委员会的书记、副书记的产生，是由上届委员会提出候选人，报上级党组织审查同意后，在委员会全体会议上进行选举。

10. 党小组如何划分？

党员人数较多或者党员工作地、居住地比较分散的党支部，按照便于组织开展活动原则，应当划分若干党小组。

党员人数在 20 人以上的党支部，一般应当划分若干党小组；党员人数不足 20 人的，可以根据工作需要划分党小组。每个党小组的党员人数不少于 3 人，其中至少有 1 名正式党员。党员不足 3 人的单位（部门），可与邻近单位（部门）组成一个党小组。

党小组的设立、调整和撤销，由党支部决定并报上级党组织备案。党支部设置或者工作形势发生变化的，可以根据需要对党小组的设置作出相应调整。

11. 党的基层组织召开党员代表大会进行选举的情形有哪些?

党的基层组织党员人数在500名以上或者所辖党组织驻地分散的，经上级党组织批准，可以召开党员代表大会进行选举。

《中国共产党农村基层组织工作条例》规定，乡镇党委由党员大会或者党员代表大会选举产生；党员人数500人以上的村党的委员会，经乡镇党委批准，可以由党员代表大会选举产生。

《中国共产党党和国家机关基层组织工作条例》规定，机关党的基层委员会由党员大会或者党员代表大会选举产生。

《中国共产党国有企业基层组织工作条例（试行）》规定，国有企业党委由党员大会或者党员代表大会选举产生。

《中国共产党普通高等学校基层组织工作条例》规定，

高等学校党的委员会由党员大会或者党员代表大会选举产生。

12. 党员代表大会代表候选人是怎样确定的？

（1）党员代表大会代表候选人预备人选的报批。选举单位向上级党组织呈报党员代表候选人预备人选名单时，要呈报《代表候选人预备人选名册》、《代表候选人预备人选登记表》和代表候选人预备人选酝酿情况的报告。酝酿情况的报告，主要包括提名原则、酝酿的方法步骤、代表候选人预备人选的结构情况及其他需要报告的问题。

（2）党员代表大会代表候选人预备人选名单的审查和批复。召开党员代表大会的党组织收到代表选举单位报送的党员代表候选人预备人选名单后，要审查代表候选人预备人选的酝酿提名程序和方法，差额比例是否符合规定，代表的构成是否合理，代表候选人预备人选是否符合代表条件。对不符合代表产生程序和不符合资格条件的，要提出调整意见。审查同意后，要及时对选举单位上报的代表候选人预备人选名单进行批复。

（3）党员代表大会代表候选人的确定。代表候选人预备人选经上级党组织审查同意后，选举单位即可召开党员代表大会或者党员大会，酝酿确定代表候选人并进行选举。

召开党员代表大会选举的，代表候选人预备人选名单经大会主席团会议讨论通过，并以代表候选人建议名单形式，提交代表大会各代表团（组）进行酝酿讨论。大会主席团根据多数代表的意见，确定代表候选人名单或者代表候选人预选名单。

召开党员大会选举的，由党的委员会将代表候选人预备人选名单以代表候选人建议名单形式，提交党员大会酝酿讨论。党的委员会根据多数党员的意见，确定代表候选人名单或者代表候选人预选名单。

13. 党员代表大会代表资格审查应注意哪些事项?

党员代表大会正式召开之前，对出席代表大会的代表进行代表资格审查，是党内选举历来就有的规矩，也是确保代表应是共产党员中的优秀分子且按规定程序选举产生的必然要求。

进行代表资格审查，应把握好以下 3 点：

（1）审查选举单位酝酿提名和选举产生代表的程序、方法是否符合规定。发现代表的产生不符合规定程序的，应责成原选举单位重新选举。

（2）审查代表是否符合资格条件。如发现有代表不具备资格条件的，应责成原选举单位撤换。进行这方面审查时，要注意听取纪检监察、政法、审计、信访等部门的意见。

（3）代表资格审查工作必须严格按规定办事。会前审查工作中的重要问题必须由党委集体讨论决定。代表资格审查报告，必须经党员代表大会预备会议或者大会主席团会议讨论通过。

14. 党员代表大会代表的选举方式有哪些？

党员代表大会代表候选人名单或者代表候选人预选名单确定之后，即可选举产生代表。党员代表大会代表的选举，可以采取两种方式：一是直接采用候选人数多于应选人数的差额选举办法进行正式选举；二是先采用差额选举办法进行预选，产生候选人名单，然后进行正式选举。

15. 党员代表大会代表产生的主要程序是什么？

（1）从党支部开始推荐提名。根据多数党组织和党员的意见，提出代表候选人推荐人选。

（2）选举单位就代表候选人推荐人选与上级党组织沟通，提出代表候选人初步人选。采取适当方式加强审核把关，可以对代表候选人初步人选在一定范围内公示。

（3）选举单位研究确定代表候选人预备人选，报召开党员代表大会的党的基层委员会审查。

（4）选举单位召开党员大会或者党员代表大会，根据多数选举人的意见确定候选人，进行选举。

16. 党员代表大会选举的程序有哪些？

召开党员代表大会进行选举，一般程序具体如下：

（1）清点到会代表人数。大会执行主席向大会报告应参加大会的代表人数和实际参加大会的代表人数。在确认有选举权的到会人数符合规定人数后，即可进行选举。

（2）通过大会选举办法。

（3）宣布新一届党的委员会委员、纪律检查委员会委员名额和候选人名单。

（4）通过大会总监票人（副总监票人）、监票人名单，宣布大会计票人（总计票人）名单。

（5）监票人当场检查票箱，计票人分发选票。大会执行主席详细说明填写选票的注意事项（也可由大会工作人员宣读）。

（6）选举人填写选票，并在工作人员引导下进行投票。

（7）监票人、计票人清点选票，确认选举是否有效。

（8）计票人在监票人监督下计票。

（9）报告被选举人得票情况。预选时，由监票人向上届委员会或者大会主席团报告；正式选举时，由总监票人（监票人）向选举人报告。报告得票情况，包括得赞成票、不赞成票、弃权票和另选他人等。

（10）宣布当选人员名单。当选人员名单由会议主持人向选举人宣布。

召开党员大会进行选举，一般程序如下：

（1）通过可以不计算在应到会人数之内的党员名单。

（2）清点到会党员人数。大会主持人向大会报告应参加大会的党员人数和实际参加大会的党员人数。到会的有选举权的党员人数符合规定人数后，即可进行选举。

（3）通过选举办法。

（4）宣布新一届党的委员会（纪律检查委员会）委员名额和候选人名单。

（5）推选（通过）监票人，宣布计票人。

（6）监票人当场检查票箱，计票人分发选票。大会主持人详细说明填写选票注意事项。

（7）选举人填写选票，并按指定顺序投票。

（8）监票人、计票人清点选票，确认选举是否有效。

（9）计票人在监票人监督下计票。

（10）报告被选举人得票情况。预选时，由监票人向上届委员会报告；正式选举时，由监票人向选举人报告。报告得票情况，包括得赞成票、不赞成票、弃权票和另选他人等。

（11）宣布当选人员名单。当选人员名单由会议主持人向选举人宣布。

17. 基层党组织换届选举党员大会的基本程序是什么？

《中国共产党基层组织选举工作条例》明确规定：党的基层组织设立的委员会一般由党员大会选举产生。选举党的总支部委员会和支部委员会的党员大会的基本程序主要有以下几项：

（1）充分做好选举前的准备工作。充分做好党员大会筹备工作，是开好党支部换届选举的党员大会的前提和基础。党支部换届选举的党员大会准备工作，一般包括以下内容：

①在党总支或支部委员会任期届满之前（一般提前1—2个月），召开党支部委员会会议，研究召开党员大会进行换届选举的有关事宜，作出召开党员大会进行支部换届选举的决定。会后，向上级党组织呈报换届工作的请示。

②召开党员大会进行换届选举的请示经上级党组织批准后，即可召开党支部委员会会议，研究和开展召开党员大会筹备事项，包括对党员进行召开党员大会的目的、意义和党的民主集中制、党员权利与义务的宣传教育工作；组织酝酿、推荐下届支部委员、书记、副书记候选人预备人选，并向上级党组织呈报关于支部委员、书记、副书记候选人预备人选的请示；起草支部的工作报告和党费收缴使用情况的报告等文件。同时将筹备情况报上级党组织同意。

③上级党组织对下届委员会委员候选人预备人选的请示批复后，即可召开党支部委员会会议，介绍党员大会准备工作情况，确定党员大会日程、召开的时间和地点；对如何开好大会向党员提出要求；确定召开大会的其他事项。

④印发支部换届选举党员大会通知。

（2）召开党支部换届选举党员大会。召开支部换届选举党员大会，是支部换届选举的实质性工作。召开党员大会进行选举，由上届委员会主持。

不设委员会的党支部进行选举，由上届支部书记主持。

开好党支部换届选举党员大会的基本程序是宣布党员大会开始；唱（奏）国歌；党的支部委员会负责同志作工

作报告；作党费收缴使用情况的报告；以党支部或党小组为单位审议党支部委员会的工作报告、党费收缴使用情况的报告；召开党支部委员会会议听取党员对支部工作报告、党费收缴使用情况报告的讨论情况汇报，研究提出修改意见；在党员大会上讨论通过选举办法（草案）、下届党的委员会候选人建议名单；审议通过监票人、计票人名单；宣布下届党的委员会名单；进行选举；计票结束后，监票人向大会报告被选举人得票情况，大会主持人宣布当选人名单。

具体到选举事项，在党员大会上应当做好的工作，一般有以下几项：

①清点到会党员人数。基层党组织进行选举时，有选举权的到会人数超过应到会人数的五分之四，会议有效。因此，大会主持人向大会报告应参加的党员人数和实参加大会的党员人数。到会的有选举权的党员人数符合规定人数后，即可进行选举。

②通过选举办法和监票人、计票人。《中国共产党基层组织选举工作条例》第二十二条规定：选举设监票人，负责对选举全过程进行监督。

党员大会或者党员代表大会选举的监票人，由全体党员或者各代表团（组）从不是候选人的党员或者代表中推选，经党员大会、党员代表大会或者大会主席团会议表决通过。

委员会选举的监票人，从不是书记、副书记、常务委员会委员候选人的委员中推选，经全体委员表决通过。

同时，《中国共产党基层组织选举工作条例》第二十三条规定：选举设计票人。计票人在监票人监督下进行工作。

③宣布下届党支部委员会委员名额和候选人名单。《中国共产党基层组织选举工作条例》规定：选举前，选举单位的党组织或者大会主席团应当以适当方式将候选人的简历、工作实绩和主要优缺点向选举人作出实事求是的介绍，对选举人提出的询问作出负责的答复。根据选举人的要求，可以组织候选人与选举人见面，回答选举人提出的问题。

④分发选票。大会主持人说明填写选票注意事项。《中国共产党基层组织选举工作条例》规定：选举采用无记名投票的方式。选票上的代表和委员、常务委员会委员候选人名单以姓氏笔画为序排列，书记、副书记候选人名单按照上级党组织批准的顺序排列。

⑤选举人填写选票，并按指定顺序投票。《中国共产党基层组织选举工作条例》规定：选举人不能填写选票的，可以由本人委托非候选人按照选举人的意志代写。因故未

出席会议的党员或者代表不能委托他人代为投票。同时规定：选举人对候选人可以投赞成或不赞成票，也可以弃权。投不赞成票者可以另选他人。

⑥清点选票，确认选举是否有效。《中国共产党基层组织选举工作条例》规定：投票结束后，监票人、计票人应当将投票人数、发出选票数和收回选票数加以核对，作出记录，由监票人签字并报告被选举人的得票数。选举收回的选票数，等于或者少于投票人数，选举有效；多于投票人数，选举无效，应当重新选举。每一选票所选人数，等于或者少于规定应选人数的为有效票，多于规定应选人数的为无效票。

⑦计票人在监票人监督下计票。《中国共产党基层组织选举工作条例》规定：被选举人得票情况，包括得赞成票、不赞成票、弃权票和另选他人等，预选时由监票人向上届委员会或者大会主席团报告，正式选举时由监票人向选举人报告。

⑧大会主持人向大会宣布当选人名单。《中国共产党基层组织选举工作条例》规定：实行差额预选时，赞成票超过应到会有选举权人数半数的，方可列为正式候选人。进行正式选举时，被选举人获得的赞成票超过应到会有选举权人数半数的，始得当选。获得赞成票超过半数的被选

举人数多于应选名额时，以得票多少为序，至取足应选名额为止。如遇票数相等不能确定当选人时，应当就票数相等的被选举人再次投票，得赞成票多的当选。获得赞成票超过半数的被选举人数少于应选名额时，对不足的名额另行选举。如果接近应选名额，经半数以上选举人同意或者大会主席团决定，也可以减少名额，不再进行选举。

⑨新当选的党支部委员会成员讲话。

（3）党支部换届选举党员大会后必须做好的工作。党支部换届选举党员大会后，并不表明换届选举工作的全部完成，党支部还需按如下程序做好以下几项工作：

①新当选的党支部委员会成员召开第一次会议，选举产生党支部书记、副书记，并做好各委员的分工。《中国共产党基层组织选举工作条例》规定：委员会第一次全体会议选举常务委员会委员和书记、副书记，召开党员代表大会的，由大会主席团指定1名新选出的委员主持；召开党员大会的，由上届委员会推荐1名新当选的委员主持。

②将党支部换届选举情况及其结果，报上级党委审批。因为党章第三十一条明确规定：基层委员会、总支部委员会、支部委员会的书记、副书记选举产生后，应报上级党组织批准。

③得到上级党组织关于支部书记、副书记及委员的批

复后，应当向广大党员宣布结果，并做好落选人的思想工作。

④将党支部换届选举情况、结果及上级党委审批意见等材料归档保存。

18. 党的基层委员会、总支部委员会、支部委员会的任期是如何规定的?

党章规定，党的基层委员会、总支部委员会、支部委员会每届任期 3 年至 5 年。根据《关于党的基层组织任期的意见》等有关规定，党的基层委员会每届任期一般为 5 年，党的总支部委员会、支部委员会每届任期一般为 3 年，其中，村和社区党的委员会、总支部委员会、支部委员会每届任期为 5 年。根据《中国共产党普通高等学校基层组织工作条例》，高校院（系）级单位根据工作需要和党员人数，经学校党委批准，设立党的基层委员会、总支部委员会、支部委员会。院（系）党组织每届任期一般为 5 年。

党的基层组织应严格执行任期制度，任期届满按期进行换届选举。如需延期或提前进行换届选举，应当报上级党组织批准，延长或提前期限一般不超过 1 年。

19. 党的基层委员会、总支部委员会、支部委员会委员名额如何确定？

《中国共产党支部工作条例（试行）》规定，党支部委员会由 3 至 5 人组成，一般不超过 7 人。正式党员不足 7 人的党支部，设书记 1 名，必要时可以设副书记 1 名。

《中国共产党农村基层组织工作条例》规定，村党支部一般设委员 3 至 5 名，村党总支部一般设委员 5 至 7 名，村党委一般设委员 5 至 7 名，最多不超过 9 名。乡镇党委一般设委员 7 至 9 名。

《中国共产党国有企业基层组织工作条例（试行）》规定，国有企业党委一般由 5 至 9 人组成，最多不超过 11 人；设立常务委员会的，党委常委一般 5 至 7 人、最多不超过 9 人，党委委员一般 15 至 21 人。国有企业党总支一般由 5 至 7 人组成，最多不超过 9 人；支部委员会由 3 至 5 人组成，一般不超过 7 人。

《中国共产党普通高等学校基层组织工作条例》规定，设立常委会的高校党委，一般设党委委员 15 至 31 人，常委会委员 7 至 11 人；不设常委会的，一般设委员 7 至 11 人。根据学校实际，经上级党组织批准，可以适当增减常委会委员或者不设常委会的委员职数。

上述规定之外的党的总支部委员会、基层委员会的名额，在实际工作中，一般可参照下列范围掌握：党员在50 人以上不足100 人的党的总支部委员会，委员名额一般为5 至7 人，最多不超过9 人。党员在100 人以上的党的基层委员会，委员名额一般为5 至9 人，最多不超过11 人。经上级党组织批准设立常务委员会的党的基层委员会，委员名额一般为15 至21 人。

确定党的基层委员会、总支部委员会、支部委员会委员名额应遵循的原则，可参照党的地方各级委员会委员名额确定原则。

20. 党的基层委员会、总支部委员会、支部委员会委员的党龄有何要求？

党的基层组织要完成所担负的任务，领导班子成员应具有一定的党内生活经验和党务工作经验。

《中国共产党支部工作条例（试行）》规定，党支部书记一般应当具有1 年以上党龄。村、社区党的基层委员会、总支部委员会书记的党龄要求按此规定执行。

《中国共产党国有企业基层组织工作条例（试行）》规定，国有企业党委委员一般应当有3 年以上党龄，其中中央企业及其直属企业（单位）、省属国有企业的党委委员应当有 5 年以上党龄。党支部（党总支）书记一般应当有 1 年以上党龄。

其他行业领域党的基层委员会和总支部委员会在酝酿提名委员会委员特别是书记、副书记人选时，应考虑党龄要求。

21. 发展党员工作的“十六字”总要求的具体内容是什么？

发展党员工作应当贯彻党的基本理论、基本路线、基本方略，按照“控制总量、优化结构、提高质量、发挥作用”的“十六字”总要求，做好发展党员工作。

“控制总量”，即对发展党员进行总量控制，使全国党员数量年均增长控制在适当速度，使党员队伍保持适度规模。

“优化结构”，即根据不同群体、行业和岗位的特点，确定发展党员的重点，既保证党员分布的普遍性，也保证党员分布的特殊性；既要在生产工作的一线发展党员，也要在重点岗位发展能担重任的党员。

“提高质量”，即在发展党员的过程中，无论是标准的制定，还是程序的设计，都要严格按照党章规定的党员标准要求，并始终把政治标准放在首位。

“发挥作用”，即要让发展的每一个党员，都能在自己的岗位上发挥先锋模范作用，建功立业，作出应有的贡献。

22. 发展党员为什么必须把政治标准放在首位？

党章强调，发展党员，必须把政治标准放在首位。这是做好发展党员工作必须坚持的核心要求，是确保党员政治合格的重要前提。发展党员工作是党的建设的一项基础性工作。党员质量关乎党的生机活力，关乎党的性质和生命。强调发展党员必须把政治标准放在首位，对于保证党员的先进性和纯洁性，确保政治合格，具有重要意义。

（1）发展党员必须把政治标准放在首位，是落实全面从严治党的必然要求。贯彻全面从严治党要求，进一步做好新时代发展党员工作，必须突出党员政治上的先进性，始终把政治标准放在首位，确保党员政治合格；必须严把党员队伍入口关，严格程序、严格审核，在源头上“过滤筛选”，确保新党员队伍的先进性和纯洁性。

（2）发展党员必须把政治标准放在首位，是解决当前发展党员工作中存在质量标准不高、审查把关不严等问题的必然要求。要坚决纠正和查处忽视政治审查，或因为怕麻烦、图省事简化政治审查、不搞政治审查等问题。凡是未经政治审查或政治审查不合格的，都不能发展入党。

（3）发展党员必须把政治标准放在首位，是保证发展的新党员具有共产主义觉悟的必然要求。党的力量和作用不仅在于党员队伍的数量，更取决于党员队伍的质量，取决于广大党员贯彻执行党的路线方针政策的自觉性和坚定性。看一名党员是否合格，最根本的就是看他有没有坚定的政治信仰、鲜明的政治态度、正确的政治行为。

23. 为什么发展党员必须坚持入党自愿和个别吸收原则？

发展党员必须禁止突击发展，杜绝运动式入党，同时也要反对“关门主义”。坚持慎重发展、均衡发展，有领导、有计划地进行。对那些已经符合党员标准的入党积极分子，要及时将其纳入党组织，为那些思想好、能力强的入党积极分子，提供更为广阔的用武之地。要防止发展党员工作走向两个极端，就必须始终坚持入党自愿原则和个别吸收原则。

坚持入党自愿原则是由中国共产党的性质和宗旨所决定的。作为中国共产党的党员，必须全心全意为人民服务，把党的利益看得高于一切，为了党和人民的利益不惜牺牲个人的一切，在困难和危险的时刻能够挺身而出冲在最前面。即使在平常时期，也能吃苦在前，享受在后，

“先天下之忧而忧，后天下之乐而乐”。这些不是每一个人都愿意且能够做到的。只有具有共产主义觉悟、愿意把自己的一切献给党和人民的人才能做到。

事实上，只有当一个人懂得了为什么要入党并决心为党和人民献出一切的时候，入党才会成为一种志愿，才会在争取入党的过程中，以党员标准规范自己的言行。坚持入党自愿原则，必须杜绝“拉”人入党的错误做法，对一些尚无入党要求的人，无论其能力多强、贡献多大，都不应强迫或动员他们入党。当然，对于那些有能力、有贡献的人，党组织有责任对他们进行教育，帮助他们提高政治觉悟，让他们认识到，加入党组织，不仅不会限制他们才能的发挥，而且会为其提供更大更广阔的舞台，促进他们作出更大的贡献。对他们进行培养和考察之后，吸收他们入党。这种做法，也是符合入党自愿原则的。

党章规定：“发展党员，必须把政治标准放在首位，经过党的支部，坚持个别吸收的原则。”坚持个别吸收原则，强调对入党积极分子逐个进行认真考察，逐个履行入党手续，成熟一个，发展一个，而不能搞批量式发展。批量式发展党员，往往会使一些不具备党员条件的人混入党内。坚持个别吸收原则，要强调党内民主，在召开党支部党员大会讨论接收新党员时，要让每个党员都有充分表达自己意见的机会。当然，坚持个别吸收原则，也不是说每次党支部党员大会只能讨论一个申请人入党，而是强调对入党申请人逐个讨论、逐个表决。

24. 申请入党的条件和程序是什么?

党章第一条规定，年满18岁的中国工人、农民、军人、知识分子和其他社会阶层的先进分子，承认党的纲领和章程，愿意参加党的一个组织并在其中积极工作、执行党的决议和按期交纳党费的，可以申请加入中国共产党。

入党申请人应当向工作、学习所在单位党组织提出入党申请，没有工作、学习单位或工作、学习单位尚未建立党组织的，应当向居住地党组织提出入党申请。流动人员，如外出打工的农民，可以向单位所在地党组织或单位主管部门党组织提出入党申请，也可以向流动党员党组织提出入党申请。

这里必须明确一点，入党申请书必须是申请人自愿提交。任何时候，基层党组织都不能采取劝说动员的方式，使其在并非自愿的情况下递交入党申请书。

25. 入党申请书的格式是什么?

入党申请书的格式，具体包括以下5个方面：

（1）标题。第一行居中写“入党申请书”。

（2）称呼。一般在第二行顶格写“敬爱的党组织”或“×× 党支部”，后加冒号。

（3）正文。入党申请书正文一般应当包括的 3 个方面的内容：一是对党的认识和要求入党的动机，谈谈自己为什么入党。二是介绍自己的理想信念、思想认识情况，包括自己的成长经历、政治历史情况以及工作、学习、生活等方面的情况，家庭主要成员和主要社会关系情况等。三是对于入党的态度和决心，如何积极争取早日入党，以及今后工作、学习、生活等方面的打算等。

（4）结尾。一般另起一段，表达请党组织监督、考验自己的态度和决心等。接着另起行空两字写“此致”，再另起行顶格写“敬礼”。

（5）落款。在结尾的右下方写上申请人姓名，写明申请日期（公历时间，包括年、月、日）。

26. 入党积极分子应具备什么条件？

入党申请人是否可被确定为入党积极分子，要看其是否符合党章规定的党员标准。但考虑到入党积极分子还需要进一步教育培养，对他们不宜提出过高的要求。因此，入党积极分子一般应具备以下 4 个条件：

（1）积极拥护和坚决执行党的路线方针政策和决议，在思想上、政治上、行动上同以习近平同志为核心的党中央保持高度一致。

（2）对党有比较明确深刻的认识，积极要求入党，决心为共产主义事业奋斗终身。

（3）在生产、工作、学习和生活等方面表现突出，是工人、农民、军人、知识分子和其他社会阶层的先进分子，带头参加改革开放和社会主义现代化建设。

（4）密切联系群众，践行党的群众路线，作风正派，团结同志，在群众中有一定威望。

一般情况下，入党申请人递交入党申请书半年以上、具备入党积极分子条件，才可被推荐和确定为入党积极分子。

27. 党支部党员大会讨论接收预备党员的程序是什么？

基层党组织召开党支部党员大会讨论发展对象能否入党，要按照以下程序进行：

（1）会议主持人宣布会议议程，报告应出席和实际出席的党员人数，提出开会的具体要求。

（2）发展对象汇报对党的认识、入党动机、本人履历、家庭主要成员和主要社会关系情况，以及其他需向党组织说明的问题。

（3）入党介绍人介绍发展对象有关情况，并对其能否入党表明意见。介绍人介绍的情况要具体有据，而不是戴帽子似的讲几句“思想好，工作积极，为人忠诚老实”之类的套话。同时，表明意见要鲜明，不要含含糊糊、模棱两可。

（4）党支部委员会报告对发展对象的审查情况。

（5）与会党员对发展对象能否入党进行充分讨论。

（6）有表决权的党员采取无记名投票方式进行表决，当场宣布表决结果。赞成人数超过应到会有表决权的正式党员的半数，才能通过接收预备党员的决议。因故不能到会的有表决权的正式党员，在党支部党员大会召开前正式向党支部提出书面意见的，应当统计在票数内。

（7）党支部党员大会结束后，党支部应当及时将党支部党员大会决议写入《中国共产党入党志愿书》，连同本人入党申请书、政治审查材料、培养教育考察材料等，一并报上级党委审批。

此外，党支部党员大会讨论两个以上的发展对象入党时，必须逐个讨论和表决，即重复上述程序。

28. 如何组织举行预备党员的入党宣誓仪式？

经审批同意的预备党员必须面向党旗进行入党宣誓。入党宣誓仪式，一般由基层党委或党总支（党支部）组织进行（党小组不能举行入党宣誓）。入党宣誓可选择一些有意义的时间与地点进行。例如，有的宣誓是在抗洪救灾的前线进行，有的宣誓是在党的生日“七一”进行，有的是在清明节祭拜革命烈士时进行，等等。宣誓仪式的会场要布置得庄重、简朴，主席台正中悬挂党旗，在正式会场，可在党旗上方悬挂“入党宣誓大会”横标。

入党宣誓仪式的程序一般有 7 个：全场起立，奏《国际歌》；党组织负责人致辞；新党员宣誓（新党员持立正姿势，面向党旗，握右拳举过肩，跟着领誓人大声跟读誓词，跟读完，宣誓人分别报自己的姓名）；上级党组织代表讲话；老党员代表讲话；新党员代表向党表示决心；仪式结束。

29. 党员教育管理工作的基本原则是什么？

《中国共产党党员教育管理工作条例》规定，党员教育管理工作的原则是：

（1）坚持党要管党、全面从严治党，将严的要求落实到党员教育管理工作全过程和各方面，党员领导干部带头接受教育管理。

（2）坚持以党的政治建设为统领，突出党性教育和政治理论教育，引导党员遵守党章党规党纪，不忘初心、牢记使命。

（3）坚持围绕中心、服务大局，注重党员教育管理质量和实效，保证党的理论和路线方针政策、党中央决策部署贯彻落实。

（4）坚持从实际出发，加强分类指导，尊重党员主体地位，充分发挥党支部直接教育、管理、监督党员作用。

30. 党员教育管理的首要政治任务是什么？

用习近平新时代中国特色社会主义思想武装全党是党员教育管理的首要政治任务。

基层党组织要引导党员充分认识学习贯彻习近平新时代中国特色社会主义思想的重大意义，自觉学懂弄通做实。

组织党员读原著、学原文、悟原理，深入学习领会习近平新时代中国特色社会主义思想的核心要义、基本精神、实践要求，掌握贯穿其中的马克思主义立场观点方法，增强政治自觉、理论自信、情感融入。建立以学习贯彻习近平新时代中国特色社会主义思想为中心内容的党员教育教材体系。教育引导党员把学习习近平新时代中国特色社会主义思想同学习马克思列宁主义、毛泽东思想、邓小平理论、“三个代表”重要思想、科学发展观紧密结合起来，不断提高马克思主义思想觉悟和理论水平。

坚持集中教育和经常性教育相结合，组织培训和个人自学相结合，采取集中轮训、党委（党组）理论学习中心组学习、理论宣讲、组织生活、在线学习培训等方式，形成习近平新时代中国特色社会主义思想学习教育长效机制，推动党员学深悟透、入脑入心。

弘扬理论联系实际的马克思主义学风，引导党员把自己摆进去、把职责摆进去、把工作摆进去，学以致用、知行合一，提高政治站位，强化责任担当，增强过硬本领，做好本职工作，自觉做习近平新时代中国特色社会主义思想坚定信仰者和忠实实践者。党员领导干部应当坚持更高标准、更严要求，全面学、系统学、贯通学、深入学、跟进学，自觉用以武装头脑、指导实践、推动工作，发挥示范带动作用。

31. 党员教育的基本任务是什么？

《中国共产党党员教育管理工作条例》规定，党员教育基本任务主要有以下 7 个方面：

（1）加强政治理论教育，突出党的创新理论学习，组织党员学习党的基本理论、基本路线、基本方略，学习马克思主义基本原理和党的基本知识，引导党员坚定理想信念，增强党性修养，努力掌握并自觉运用马克思主义立场观点方法。

（2）突出政治教育和政治训练，严格党内政治生活锻炼，教育党员旗帜鲜明讲政治，提高政治觉悟和政治能力，严守政治纪律和政治规矩，永葆共产党人政治本色，做到“四个服从”，在思想上政治上行动上同以习近平同志为核心的党中央保持高度一致。

（3）强化党章党规党纪教育，引导党员牢记入党誓词，坚持合格党员标准，自觉遵守党的纪律，带头践行社会主义核心价值观，培养高尚道德情操，培育良好思想作风、学风、工作作风、生活作风和家风。加强宪法法律法规教育，引导党员尊法学法守法用法。

（4）加强党的宗旨教育，引导党员践行全心全意为人民服务的根本宗旨，贯彻党的群众路线，提高群众工作本领，密切联系服务群众。

（5）进行革命传统教育，引导党员学习党史、新中国史、改革开放史、社会主义发展史和中华优秀传统文化，铭记党的奋斗历程，弘扬党的优良传统，传承红色基因，践行共产党人价值观，激发爱国主义热情。

（6）开展形势政策教育，围绕贯彻执行党和国家重大决策、推进落实重大任务，宣讲党的路线方针政策，解读世情国情党情，回应党员关注的问题，引导党员正确认识形势，把思想和行动统一到党中央要求上来。

（7）注重知识技能教育，根据党员岗位职责要求和工作需要，组织引导党员学习掌握业务知识、科技知识、实用技术等，帮助党员提高综合素质和履职能力，增强服务本领。

32. 什么是党员组织关系？

党员组织关系是指党员对党的基层组织的隶属关系。申请入党的人一经被批准入党，接收其入党的党组织就把其编入党的基层组织，从此就确定了他的组织关系。党员的组织关系一经确定，党员就可以参加组织生活，并在其中积极工作。在通常情况下，党员的组织关系与行政关系应当一致。党员组织关系的概念有广义和狭义之分：广义概念包括正式组织关系和临时组织关系，转移正式组织关系需开具党员组织关系介绍信，转移临时组织关系需开党员证明信；狭义概念特指正式组织关系。在一般情况下，当我们说加强党员组织关系管理时，是广义概念；当我们说转移党员组织关系时，是狭义概念。

33. 党员组织关系如何编入？

每个党员都必须编入党的一个支部、小组或者其他特定组织。有固定工作单位并且单位已经建立党组织的党员，一般编入其所在单位党组织。没有固定工作单位，或者单位未建立党组织的党员，一般编入其经常居住地或者公共就业和人才服务机构、园区、楼宇等党组织。

34. 什么是党籍？

党籍是指党员的资格，是党组织承认其为党员的依据。一个申请入党的同志，从他被批准为预备党员之日起，就取得了党员资格，就有了党籍。同样，党员被取消预备党员资格、劝退出党、除名、自行脱党、自动退党、不予登记、开除党籍，就失去了党籍。

党籍管理的内容涉及许多方面。有历史遗留的党籍问题，也有现实中存在的党籍问题，还有被取消预备党员资格、劝退出党、除名、自行脱党、自动退党、不予登记、开除党籍的党员的党籍处理问题，以及各种特殊情况下的党员党籍处理问题。

35. 开除党籍的情形有哪些?

（1）严重违纪、严重触犯刑律的党员必须开除党籍。

（2）党员经过留党察看坚持错误不改的，应当开除党籍。

（3）一人有《中国共产党纪律处分条例》规定的两种以上（含两种）应当受到党纪处分的违纪行为，应当合并处理，按其数种违纪行为中应当受到的最高处分加重一档给予处分；其中一种违纪行为应当受到开除党籍处分的，应当给予开除党籍处分。

党员受到开除党籍处分，5 年内不得重新入党，也不得推荐担任与其原任职务相当或者高于其原任职务的党外职务。另有规定不准重新入党的，依照规定。

36. 党政领导干部必须具备的基本条件有哪些?

党政领导干部必须信念坚定、为民服务、勤政务实、敢于担当、清正廉洁，具备下列基本条件：

（1）自觉坚持以马克思列宁主义、毛泽东思想、邓小平理论、“三个代表”重要思想、科学发展观、习近平新时代中国特色社会主义思想为指导，努力用马克思主义立场、观点、方法分析和解决实际问题，坚持讲学习、讲政治、讲正气，牢固树立“四个意识”，坚定“四个自信”，做到“两个维护”，自觉在思想上政治上行动上同党中央保持高度一致，经得起各种风浪考验。

（2）具有共产主义远大理想和中国特色社会主义坚定信念，坚决贯彻执行党的理论和路线方针政策，立志改革开放，献身现代化事业，在社会主义建设中艰苦创业，树立正确政绩观，做出经得起实践、人民、历史检验的实绩。

（3）坚持解放思想，实事求是，与时俱进，求真务实，认真调查研究，能够把党的方针政策同本地区本部门实际相结合，卓有成效地开展工作，落实“三严三实”要求，主动担当作为，真抓实干，讲实话，办实事，求实效。

（4）有强烈的革命事业心、政治责任感和历史使命感，有斗争精神和斗争本领，有实践经验，有胜任领导工作的组织能力、文化水平和专业素养。

（5）正确行使人民赋予的权力，坚持原则，敢抓敢管，依法办事，以身作则，艰苦朴素，勤俭节约，坚持党的群众路线，密切联系群众，自觉接受党和群众的批评、监督，加强道德修养，讲党性、重品行、作表率，带头践行社会主义核心价值观，廉洁从政、廉洁用权、廉洁修身、廉洁齐家，做到自重自省自警自励，反对形式主义、官僚主义、享乐主义和奢靡之风，反对任何滥用职权、谋求私利的行为。

（6）坚持和维护党的民主集中制，有民主作风，有全局观念，善于团结同志，包括团结同自己有不同意见的同志一道工作。

37. 选拔任用党政领导干部要经过哪些步骤？

党政领导干部的选拔任用，一般要经过分析研判和动议、民主推荐、考察、讨论决定、任职 5 个步骤。

38. 领导干部的考核内容主要包括哪些？

领导干部的考核内容主要包括德、能、勤、绩、廉 5 个方面：

（1）德。全面考核领导干部政治品质和道德品行。考核领导干部的政治品质，重点了解坚定理想信念、对党忠诚、尊崇党章、遵守政治纪律和政治规矩，在思想上政治上行动上同以习近平同志为核心的党中央保持高度一致等情况。考核领导干部的道德品行，重点了解坚守忠诚老实、公道正派、实事求是、清正廉洁等价值观，遵守社会公德、职业道德、家庭美德和个人品德等情况。

（2）能。全面考核领导干部履职尽责特别是应对突发事件过程中的政治能力、专业素养和组织领导能力等情况。

（3）勤。全面考核领导干部的精神状态和工作作风，重点了解发扬革命精神、斗争精神，坚持“三严三实”，勤勉敬业、恪尽职守，认真负责、紧抓快办，锐意进取、敢于担当，艰苦奋斗、甘于奉献等情况。

（4）绩。全面考核领导干部坚持正确政绩观，履职尽责、完成日常工作、承担急难险重任务、处理复杂问题、应对重大考验的情况和实际成效。考核党委（党组）书记的工作实绩，首先看抓党建工作的成效，考核领导班子其他党员领导干部的工作实绩应当加大抓党建工作的权重。

（5）廉。全面考核领导干部落实党风廉政建设“一岗双责”政治责任，遵守廉洁自律准则，带头落实中央八项规定及其实施细则精神，秉公用权，树立良好家风，严格要求亲属和身边工作人员，反对“四风”和特权思想、特权现象等情况。

第四章

党的作风建设

1. 什么是党风？

党风，亦称“党的作风”。党风有广义和狭义之分。从狭义上说，党风主要是在党的组织路线上表现出来的风气。从广义上说，党风是指在党的活动中一贯表现出来的态度和行为，是党的性质、宗旨和世界观在党的活动中的表现。现在通常所说的党风，一般是在广义上使用这一概念的。

2. 什么是党的作风建设？

党的作风建设，是指端正党组织和党员的思想作风、工作作风和生活作风，树立与党的性质和宗旨相适应的良好风尚的工作。党的作风关系党的形象，关系人心向背，影响着社会风气，决定着党的命运，党风建设是党的建设的一个十分重要的问题。

中国共产党一贯重视党风建设，在长期的革命斗争中形成了理论联系实际、密切联系群众、批评和自我批评等一系列优良传统和作风。这些作风鲜明地体现和反映了中国共产党的无产阶级性质和全心全意为人民服务的根本宗旨，是中国共产党区别于其他政党的显著标志。

3. 中国共产党有哪三大优良作风？

回顾我们党 100 多年的光辉历程，正是因为中国共产党“理论联系实际、密切联系群众、批评和自我批评”的三大优良作风，使党时刻保持着高度的先进性、广泛的群众性和强大的战斗力。三大优良作风是我们党区别于其他政党的重要标志，也是应对任何困难和挑战的制胜法宝。

（1）理论联系实际。党的思想路线的基本内容是一切从实际出发，理论联系实际，实事求是，在实践中检验真理和发展真理。在党的历史中，指导思想的升华和飞跃都是理论联系实际、马克思主义中国化的结果，是马克思列宁主义普遍原理同中国革命具体实践相结合的产物。比如，习近平新时代中国特色社会主义思想是以习近平同志为核心的党中央坚持解放思想、实事求是、与时俱进、求真务实，紧密结合新的时代条件和实践要求创立的马克思主义中国化时代化最新成果。在我们党几次生死存亡的关键时刻，也都是做到了理论联系实际、实事求是，才得以渡过难关、继续发展。

（2）密切联系群众。我们党的最大政治优势是密切联系群众，党执政后的最大危险是脱离群众。一直以来，我们党始终坚持以人为本，以人民群众的根本利益为一切工作的出发点和落脚点。回顾近代历史，19 世纪末 20 世纪初，中国人民进行的农民革命运动、资产阶级改良运动、资产阶级革命运动都没能挽救中国，其原因除了农民阶级、资产阶级本身的局限性外，最重要的一点是他们都没有依靠广大人民群众。而中国共产党的成功却正是因为有深厚的群众根基。

（3）批评和自我批评。批评和自我批评是解决党内矛盾和问题的主要手段。在党的组织生活会中，认真开展批评和自我批评是提升会议质量的关键。通过批评和自我批评，党员干部能够及时发现和纠正自身存在的问题，增强党性修养，促进党内团结。新形势下，批评和自我批评是我们党强身治病、保持肌体健康的锐利武器，也是加强和规范党内政治生活的重要手段，必须坚持不懈把批评和自我批评这个武器用好。这是科学总结我们党党内政治生活实践正反两方面经验得出的科学结论，也表明了马克思主义政党的一个鲜明特质。

4. 什么是艰苦奋斗的作风？

艰苦奋斗是共产党人的政治本色，是中国共产党和人民军队在长期革命和建设过程中形成的优良传统。艰苦奋斗表现在政治、思想、工作、作风各个方面，是坚持正确政治方向、实现党的路线和一定时期奋斗目标的基本保证。

5.“三个务必”的具体内容是什么？

习近平总书记在党的二十大报告中提出：“全党同志务必不忘初心、牢记使命，务必谦虚谨慎、艰苦奋斗，务必敢于斗争、善于斗争。”“三个务必”是基于对党所处历史方位、面临形势任务、党情国情世情发展变化进行深刻分析作出的重大论断，彰显了百年大党新时代赶考的清醒和坚定，对于坚定历史自信、增强历史主动、奋力谱写新时代中国特色社会主义更加绚丽的华章具有深远的历史意义和重大的现实意义。

6. 什么是党性？

党性是一个政党所固有的本性，也是阶级性的最高、最集中的表现，是党的性质、目标、宗旨、作风、纪律等各方面要素的综合反映。马克思主义认为，不同阶级的政党代表着各个阶级的阶级利益、意志和要求，因而有着不同的党性。无产阶级政党的党性，是无产阶级特性的自觉表现，是无产阶级的历史使命和最高利益的集中体现。中国共产党的党性是其作为中国工人阶级、中国人民和中华民族的先锋队，中国特色社会主义事业的领导核心，中国先进生产力的发展要求、中国先进文化的前进方向和中国最广大人民的根本利益的代表而明显区别于其他政党的特性。

加强党性修养是我们党百余年奋斗的经验总结。回顾百余年党史，我们党之所以饱经风霜而巍然屹立，千锤百炼而更加强大，很重要的一点就是我们党高度重视党性修养。新中国成立后，围绕进京“赶考”、做到“两个务必”加强党性教育，解决了革命胜利后可能产生的消极情绪和腐化堕落危险。党的十八大以来，以习近平同志为核心的党中央通过全面从严治党实践，在推进党员干部党性锻炼上取得明显成效，广大党员干部共产主义远大理想和中国特色社会主义共同理想更加坚定，党的创造力、凝聚力、战斗力显著增强。

7. 什么是党性原则？

党性原则指共产党员在党的实际活动中坚持党性必须遵循的原则，这些原则构成了全体党员的基本行为规范。党性原则是根据党的性质、纲领和组织原则确立的，在不同历史时期有不同的要求。新形势下，党性原则可以概括为以下6个方面内容：

（1）坚持以马克思列宁主义、毛泽东思想、邓小平理论、“三个代表”重要思想、科学发展观、习近平新时代中国特色社会主义思想作为行动指南。这是衡量一个共产党员党性强弱和有无党性的首要标志。这就要求全党按照理论联系实际的原则，认真学习和运用马克思列宁主义、毛泽东思想、邓小平理论、“三个代表”重要思想、科学发展观、习近平新时代中国特色社会主义思想的立场、观点和方法，实事求是地研究和解决中国革命和建设中出现的各种矛盾。

（2）以实现共产主义远大理想和中国特色社会主义共同理想为奋斗目标并为之奋斗终身。坚定共产主义理想和中国特色社会主义信念，是党员党性锻炼的最基本要求。它要求党员要把实现党的最高理想与实现新时期的总任务紧密结合起来，扎扎实实地搞好本职工作。

（3）坚持全心全意为人民服务的根本宗旨。这是党性原则的集中表现。能不能全心全意为人民服务，是衡量一个党员有无党性和党性强弱的试金石。每个党员都应把党和人民的利益放在第一位，个人利益服从党和人民的利益，为党和人民的利益甘愿作出自我牺牲。党的一切工作必须坚持群众路线，从群众中来，到群众中去，一刻也不能脱离群众。

（4）自觉坚持民主集中制和在高度自觉基础上建立起来的铁的纪律。这是共产党员党性锻炼的重要内容。每个党员特别是党员领导干部，都要具有严格的组织性纪律性，同党中央保持思想上政治上行动上的高度一致，维护党的团结和统一。

（5）始终同人民群众保持密切联系，在一切工作中坚持群众路线。

（6）勇于开展批评和自我批评，坚持真理，修正错误。这是我们党区别于其他政党的显著标志，也是具有坚强党性的标志。

8. 什么是党性修养？

党性修养是指共产党员在政治、思想、道德品质和知识技能等方面，按照党性原则进行的自我教育、自我改造和自我完善。尽管每个党员着重修养的内容方面是有差别的，但理论修养、思想意识修养、组织纪律修养、科学文化知识的修养是共产党员所必需的党性修养内容。

（1）马克思主义的理论修养，就是“运用马克思列宁主义的立场、观点和方法去研究和处理各种问题的修养”。就是用马克思主义世界观去克服各种非马克思主义思想，提高认识世界和改造世界的能力。

（2）马克思主义思想意识修养，主要包括用马克思主义的思想意识去同自己的各种非马克思主义思想意识进行斗争；用工人阶级的、人民的、党的利益高于一切的原则去同自己的个人主义思想进行斗争。

（3）共产党员的组织纪律修养。主要是党员解决好执行民主集中制的问题，严格按照党章规定的民主集中制的原则办事。

（4）共产党员科学文化知识的修养。党员拥有一定的科学文化知识，是发挥党员先锋模范作用的根本前提。特别是当今世界科技进步日新月异，不掌握一定的科学文化知识就必然遭到时代的淘汰。

9. 中央八项规定的内容是什么？

中共中央政治局于 2012 年 12 月 4 日召开会议，审议中央政治局关于改进工作作风、密切联系群众的八项规定。规定要求：

（1）中央政治局全体同志要改进调查研究，到基层调研要深入了解真实情况，总结经验、研究问题、解决困难、指导工作，向群众学习、向实践学习，多同群众座谈，多同干部谈心，多商量讨论，多解剖典型，多到困难和矛盾集中、群众意见多的地方去，切忌走过场、搞形式主义；要轻车简从、减少陪同、简化接待，不张贴悬挂标语横幅，不安排群众迎送，不铺设迎宾地毯，不摆放花草，不安排宴请。

（2）要精简会议活动，切实改进会风，严格控制以中央名义召开的各类全国性会议和举行的重大活动，不开泛泛部署工作和提要求的会，未经中央批准一律不出席各类剪彩、奠基活动和庆祝会、纪念会、表彰会、博览会、研讨会及各类论坛；提高会议实效，开短会、讲短话，力戒空话、套话。

（3）要精简文件简报，切实改进文风，没有实质内容、可发可不发的文件、简报一律不发。

（4）要规范出访活动，从外交工作大局需要出发合理安排出访活动，严格控制出访随行人员，严格按照规定乘坐交通工具，一般不安排中资机构、华侨华人、留学生代表等到机场迎送。

（5）要改进警卫工作，坚持有利于联系群众的原则，减少交通管制，一般情况下不得封路、不清场闭馆。

（6）要改进新闻报道，中央政治局同志出席会议和活动应根据工作需要、新闻价值、社会效果决定是否报道，进一步压缩报道的数量、字数、时长。

（7）要严格文稿发表，除中央统一安排外，个人不公开出版著作、讲话单行本，不发贺信、贺电，不题词、题字。

（8）要厉行勤俭节约，严格遵守廉洁从政有关规定，严格执行住房、车辆配备等有关工作和生活待遇的规定。

2025 年 3 月，为贯彻落实党的二十届三中全会部署，巩固拓展学习贯彻习近平新时代中国特色社会主义思想主题教育成果，巩固深化党纪学习教育成果，锲而不舍落实中央八项规定精神，推进作风建设常态化长效化，经党中央同意，在全党开展深入贯彻中央八项规定精神学习教育。学习教育于 2025 年全国两会后启动、7 月底前基本结束。

10.“四风”是指哪四种不正之风？

“四风”是指形式主义、官僚主义、享乐主义和奢靡之风，是由习近平总书记于2013年6月18日在北京召开的党的群众路线教育实践活动工作会议上提出的。“四风”问题是违背中国共产党性质和宗旨的，是当前群众深恶痛绝、反映强烈的问题，也是损害党群干群关系的重要根源。2017年12月11日，习近平总书记就新华社的文章《形式主义、官僚主义新表现值得警惕》作出重要指示强调：纠正“四风”不能止步，作风建设永远在路上。

11.“四风”问题产生的根源是什么？

“四风”问题的产生有深刻的根源。从主观根源来看，一些党员干部没有树立正确的世界观、人生观、价值观，党性修养不强。他们不注重加强党性修养，不善于清除思想上的灰尘，致使“四风”问题突出。从客观根源来看，党要管党、全面从严治党的方针没有得到完全落实，对一些党员干部的管理监督失之于宽、失之于松、失之于软。这就需要我们始终坚持党要管党、全面从严治党的方针，进一步建立健全有利于弘扬优良作风、防止不良作风的制度，并将这一制度贯彻好、落实好。

12.“四风”问题的主要危害是什么？

“四风”问题严重损害了党在人民群众中的形象，严重损害了党群干群关系。

“四风”问题是党的群众路线的死敌大敌顽敌，其危害是一方面使党脱离群众、丧失密切联系群众的最大政治优势，另一方面使群众同党若即若离乃至离心离德，长此以往，会从根本上破坏党同人民群众的血肉联系，从根本上摧毁党。

13. 形式主义的主要表现是什么?

形式主义主要是指知行不一、不求实效，文山会海、花拳绣腿，贪图虚名、弄虚作假。主要表现在以下方面：党员干部中有的不认真学习党的理论和做好工作所需要的知识，学了也是为应付场面，蜻蜓点水，浅尝辄止，不求甚解，无心也无力在实践中认真运用；有的习惯于以会议落实会议、以文件落实文件，热衷于造声势、出风头，把安排领导出场讲话、组织发新闻、上电视作为头等大事，最后工作却不了了之；有的抓工作不讲实效，不下功夫解决存在的矛盾和问题，难以给领导留下印象的事不做，形不成多大影响的事不做，工作汇报或年终总结看上去不漂亮的事不做，仪式一场接着一场，总结一份接着一份，评奖一个接着一个，最后都是“客里空”；有的下基层调研走马观花，下去就是为了出镜头、露露脸，坐在车上转，隔着玻璃看，只看“门面”和“窗口”，不看“后院”和“角落”，群众形容这种现象是“调查研究隔层纸，政策执行隔座山”；有的明知报上来的是假情况、假数字、假典型，也听之任之，甚至通过挖空心思造假来粉饰太平。

14. 官僚主义的主要表现是什么？

官僚主义主要是指脱离实际、脱离群众，高高在上、漠视现实，唯我独尊、自我膨胀。主要表现在以下方面：党员干部中有的对实际情况不了解不关注，不愿深入困难艰苦地区，不愿帮助基层和群众解决实际问题，甚至不愿同基层和普通群众打交道，怕给自己添麻烦，工作上敷衍塞责、推诿扯皮、得过且过；有的不顾地方实际和群众意愿，喜欢拍脑袋决策、拍胸脯表态，盲目铺摊子、上项目，最后拍屁股走人，留下一堆后遗症；有的对上吹吹拍拍、曲意逢迎，对下吆五喝六、横眉竖目，门难进、脸难看、事难办，甚至不给钱不办事，收了钱乱办事；有的对待上级部署囫囵吞枣、断章取义，执行上级决定照本宣科、等因奉此，或者照猫画虎、生搬硬套，以前怎么做就怎么做，别人怎么做就怎么做，完全不顾本地本部门实际情况；有的官气十足、独断专行，“老子天下第一”，一切都要自己说了算，拒绝批评帮助，容不下他人，听不得不同意见。

15. 享乐主义的主要表现是什么？

享乐主义是指精神懈怠、不思进取，追名逐利、贪图享受，讲究排场、玩风盛行。主要表现在以下方面：党员干部中有的意志消沉、信念动摇，奉行及时行乐的人生哲学，“今朝有酒今朝醉”“人生得意须尽欢”；有的追求物质享受，情趣低俗，玩物丧志，沉湎花天酒地，热衷灯红酒绿，纵情声色犬马；有的拈轻怕重，安于现状，不愿吃苦出力，满足于现有学识和见解，陶醉于已经取得的成绩，不立新目标，缺乏新动力，“清茶报纸二郎腿，闲聊旁观混光阴”。

16. 奢靡之风的主要表现是什么？

奢靡之风是指铺张浪费、挥霍无度，大兴土木、节庆泛滥，生活奢华、骄奢淫逸，甚至以权谋私、腐化堕落。主要表现在以下方面：党员干部中有的修建豪华气派的办公大楼，甚至占地上百亩、耗资几个亿，搞得富丽堂皇，吃喝玩乐一应俱全；有的热衷于造节办节，节庆泛滥成灾，动辄花费几百万元、几千万元，劳民伤财；有的热衷于个人享受，住房不厌其大其多，车子不厌其豪华，菜肴不厌其精美，穿戴讲究名牌，对超出规定的生活待遇安之若素，还总嫌不够；有的要求超规格接待，住高档酒店，吃山珍海味，喝美酒佳酿，觥筹交错之后还要“意思意思”；有的兜里揣着价值不菲的会员卡、消费卡，在高档会馆里乐不思蜀，在高级运动场所流连忘返，在名山秀水间朝歌夜弦，在异国风情中醉生梦死，更有甚者跑到境外赌博场所挥金如土；有的作风不检点，甚至道德败坏、生活放荡，不以为耻、反以为荣。

17. 当前奢靡享乐歪风主要有哪些隐形变异？

当前，奢靡享乐歪风在高压之下出现一些新动向新表现，其中比较突出的就是改头换面、潜入地下的隐形变异。比如：违规公款吃喝转入内部食堂、培训中心、农家乐等隐蔽场所，或接受私营企业在高档小区内安排的“一桌餐”；有的在费用报销上做手脚，将大额消费拆分成多个小额发票报销，或长期在饭店挂账，待“风头”过后一起结账。公款旅游打着单位集体活动、职工疗养休养等“幌子”，公务出国扎堆热点国家，借公务之机游山玩水，变更行程绕道绕远，或由下属单位、相关利益单位、管理服务对象支付旅游费用。收送礼品、礼金避开敏感时间节点搞“错峰送礼”，还通过电子礼品卡、电子红包、快递等隐蔽方式进行。通过违规借用下属单位或企业车辆等方式使用公务用车，甚至变“公车私用”为“私车公养”。婚丧喜庆事宜化整为零分批操办、异地操办、变换身份操办，或只收礼金不办酒席。

18. 当前形式主义、官僚主义的突出表现是什么？

当前，形式主义、官僚主义在一定程度上仍然存在，在一些地方和单位问题还比较突出，主要有10种表现：一是在贯彻落实方面，有的领导干部对贯彻落实中央重大决策部署表态多调门高，但行动少落实差，虚多实少，仅仅满足于“轮流圈阅”“层层转发”“安排部署”，个别领导干部说一套做一套，我行我素。二是在调查研究方面，有的单位搞形式、走过场，像打造旅游线路一样打造“经典调研线路”，无论什么调研主题，去的是同一条路线、访的是同一批对象、听的是同一套说辞，搞“大伙演、领导看”的走秀式调研。三是在服务群众方面，有的单位表面上推进服务型政府建设，“门好进、脸好看”，但还是“事难办”，将过去的“管卡压”变成了现在的“推绕拖”；有的政务服务热线电话长期无人接听；有的政府网站更新的内容主要是领导活动，政务公开、便民服务等栏目几乎成为僵尸栏目。四是在项目建设方面，一些地方热衷于打造领导“可视范围”内的项目工程，而不考虑客观实际，“不怕群众不满意，就怕领导不注意”“奖状一屋子，工作还是老样子”。五是在召开会议方面，一些地方无论什么会议都要层层重复开，一个接一个，检查评比走马灯，导致干部疲于应付，没有时间抓落实。六是在改进文风方面，有的地方写文件、制文件机械照搬照抄，出台制度规定“依葫芦画瓢”，内容不是来自调查研究，而是源自抄袭拼凑。七是在责任担当方面，有的领导干部“只求不出事，宁愿不做事”，凡事都要上级拍板，避免自己担责，甚至层层往上报、层层不表态。八是在工作实效方面，有的地方对工作不重实效重包装，把精力都放在“材料美化”上，一项工作刚开始就急于总结成绩、宣传典型，搞“材料出政绩”。九是在履行职责方面，有的部门热衷于与下属单位签订“责任状”，将责任下移，试图让下级的“责任状”成为自己的“免责单”。十是在对待问题方面，有的党员干部对身边不良风气和违规问题态度漠然，事不关己、高高挂起，知情不报、听之任之，甚至在组织向其了解情况时仍不说真话。这些问题，正如习近平总书记所指出的，“看似新表现，实则老问题”，必须下大力气加以整治。

19. 如何理解"四风"问题的顽固性和反复性?

2014 年 1 月，习近平总书记明确指出:"作风问题具有顽固性和反复性，形成优良作风不可能一劳永逸，克服不良作风也不可能一蹴而就。"

习近平总书记再三强调"四风"问题具有顽固性和反复性，为全党再次敲响警钟。"四风"问题由来已久、成因复杂，而且受到历史文化、传统观念、社会习俗等因素影响，不是一朝一夕就能彻底解决，也不可能一劳永逸。必须警钟长鸣，久久为功。从纪检监察机关查处"四风"问题情况看，2024 年，全国共查处违反中央八项规定精神问题 225275 起，这说明不收敛不收手的现象仍然存在，顶风违纪行为还有增量，印证了"四风"问题具有顽固性和反复性的判断，说明整治"四风"问题必须持续加大力度，以永远在路上的恒心和韧劲，不断把螺丝拧得更紧，工作做得更实，才能打赢作风建设的攻坚战、持久战。

20. 如何通过抓"关键少数"让各级领导干部进一步带头转变作风?

风成于上，俗化于下。抓作风建设，关键在党员领导干部。

（1）从中央和国家机关的党员干部抓起。中央和国家机关是国家治理体系的中枢，地位重要，影响面广，中央和国家机关领导干部的“头雁效应”更加明显。反对形式主义、官僚主义的“第一刀”，先从中央和国家机关切起，从中央和国家机关学习贯彻党的二十大精神和文件印发、会议召开、政务公开、审批监管、调查研究等工作的实效入手，扎扎实实地抓、认认真真地改，以优良作风层层带动各级党政机关和党员干部转作风改作风。

（2）从各级党组织主要负责人抓起。党组织主要负责人是头雁，是“关键少数”中的“关键少数”，其作风是一个地方或单位领导班子成员乃至全体党员干部作风的风向标。必须紧紧盯住各级党组织主要负责人，督促其树立优良作风，以上率下，以“关键少数”的自我革命带动“大多数”党员干部的作风转变。

21. 各级党委（党组）如何以上率下狠抓工作落实？

各级党委（党组）要切实履行主体责任，坚持一级做给一级看，抓好本级带下级。将防止和克服形式主义官僚主义深度融入巡视巡察、党委督查、干部考察考核、民主生活会、年度述职等制度，推动政治监督和政治督查常态化、长效化。总结推广一批勇于担当、一心为民、真抓实干的好经验好典型，通报曝光一批形式主义官僚主义的典型案例。中央和国家机关要持续加强党的政治建设，扎实创建让党中央放心、让人民群众满意的模范机关，坚持刀刃向内，勇于自我革命，深入整治形式主义官僚主义突出问题，以实际行动做“两个维护”的表率。在党中央集中统一领导下，继续发挥中央层面整治形式主义为基层减负专项工作机制牵头抓总和统筹协调作用，加强对各地区各部门的督促指导，形成上下联动的工作格局，常态化开展基层观测点蹲点调研，研究解决新情况新问题，推动解决形式主义突出问题为基层减负工作不断取得新成效。

22. 什么是党的群众路线？

党的群众路线，就是一切为了群众，一切依靠群众，从群众中来，到群众中去，把党的正确主张变为群众的自觉行动。

23. 什么是党的群众观？

党的群众观是指中国共产党作为执政党对待人民群众的根本立场、态度以及正确处理与人民群众关系的总的看法、根本观点。党章规定：党除了工人阶级和最广大人民群众的利益，没有自己特殊的利益。党在任何时候都把群众利益放在第一位，同群众同甘共苦，保持最密切的联系，坚持权为民所用、情为民所系、利为民所谋，不允许任何党员脱离群众，凌驾于群众之上。我们党的最大政治优势是密切联系群众，党执政后的最大危险是脱离群众。党风问题、党同人民群众的联系问题是关系党生死存亡的问题。

24. 什么是实事求是的工作作风？

毛泽东在《改造我们的学习》中指出:“实事”就是客观存在着的一切事物，“是”就是客观事物的内部联系，即规律，“求”就是去研究。实事求是是毛泽东思想的基本点和精髓，更是其活的灵魂。简单来说，就是要理论联系实际，解放思想，用客观实践检验真理，将中国革命、建设、改革所需的指导理论与中国实际国情相结合。在战争年代，老一辈共产党员做到了实事求是，用小米加步枪取得了革命的胜利；当前，共产党员更应该做到实事求是，这既是对老一辈优秀共产党员精神的传承，也是中国式现代化能够更好发展的助推剂。

25. 什么是“四下基层”？

“四下基层”是指领导干部“宣传党的路线、方针、政策下基层，调查研究下基层，信访接待下基层，现场办公下基层”。这是习近平同志在福建宁德工作时大力倡导的工作方法和工作制度。当时，面对闽东落后面貌和群众脱贫致富期盼，习近平同志深入调研、前瞻思考，敏锐地把握到闽东地区要加快发展、摆脱贫困，必须发扬“滴水穿石”的精神，矢志不渝地苦干实干才行。在习近平同志的亲自推动下，当时宁德“四下基层”形成风气，干部作风大为转变，党群干群关系密切，闽东面貌发生了可喜变化。习近平同志亲民为民爱民的风范，为各级领导干部作出了表率。

“四下基层”是密切联系群众的重要途径，是化解矛盾、推动发展、促进和谐的有效办法，是来自实践、又指导实践的创造性举措。“四下基层”所蕴含的本质和体现出的精神，在新的形势和任务面前，不仅没有过时，而且更显示出其重要的意义。

26. 什么是政绩工程？

所谓“政绩工程”，是指某些领导干部为了个人或小团体的目的和利益，不顾群众需要和当地实际，不惜利用手中权力而搞出的劳民伤财、浮华无效却有可能为自己和小团体标榜政绩的工程。

27. 为什么要在全党大兴调查研究之风?

调查研究是我们党的传家宝。党的十八大以来，以习近平同志为核心的党中央高度重视调查研究工作。习近平总书记强调指出，调查研究是谋事之基、成事之道，没有调查就没有发言权，没有调查就没有决策权；正确的决策离不开调查研究，正确的贯彻落实同样也离不开调查研究；调查研究是获得真知灼见的源头活水，是做好工作的基本功；要在全党大兴调查研究之风。习近平总书记这些重要指示，深刻阐明了调查研究的极端重要性，为在全党大兴调查研究、做好各项工作提供了根本遵循。

当前，我国发展面临新的战略机遇、战略任务和战略环境。世界百年未有之大变局加速演进，不确定、难预料因素增多，国内改革发展稳定面临不少深层次矛盾躲不开、绕不过，各种风险挑战、困难问题比以往更加严峻复杂，迫切需要通过调查研究把握事物的本质和规律，找到破解难题的办法和路径。在全党大兴调查研究，是深入学习贯彻习近平新时代中国特色社会主义思想、感悟这一重要思想的真理力量和实践伟力的必然要求，是深刻领悟“两个确立”的决定性意义、坚决做到“两个维护”的具体实践，是应对新时代新征程前进路上的风浪考验、推进中国式现代化的有力举措，是时刻保持解决大党独有难题的清醒和坚定、回答“六个如何始终”的现实需要，是转变工作作风、密切联系群众、提高履职本领、强化责任担当的有效途径。

28. 在全党大兴调查研究的总体要求是什么？

在全党大兴调查研究，要坚持以习近平新时代中国特色社会主义思想为指导，全面贯彻落实党的二十大精神，紧紧围绕党的理论和路线方针政策、党中央重大决策部署的贯彻执行，大力弘扬党的光荣传统和优良作风，突出问题导向和目标导向，促进广大党员、干部特别是领导干部带头深入调查研究，不断深化对党的创新理论的认识和把握，善于运用党的创新理论研究新情况、解决新问题、总结新经验、探索新规律，扑下身子干实事、谋实招、求实效，使调查研究工作同中心工作和决策需要紧密结合起来，更好地为科学决策服务，为提高党的执政能力和领导水平服务，为完成新时代新征程的使命任务服务。

（1）必须坚持党的群众路线，从群众中来，到群众中去，增进同人民群众的感情，真诚倾听群众呼声、真实反映群众愿望、真情关心群众疾苦，自觉向群众学习、向实践学习，从人民的创造性实践中获得正确认识，把党的正确主张变为群众的自觉行动。

（2）必须坚持实事求是，坚守党性原则，一切从实际出发，理论联系实际，听真话、察实情，坚持真理、修正错误，有一是一、有二是二，既报喜又报忧，不唯书、不唯上、只唯实。

（3）必须坚持问题导向，增强问题意识，敢于正视问题、善于发现问题，以解决问题为根本目的，真正把情况摸清、把问题找准、把对策提实，不断提出真正解决问题的新思路新办法。

（4）必须坚持攻坚克难，发扬斗争精神，增强斗争本领，勇于涉险滩、破难题，知难而进、迎难而上，把调查研究成果转化为推进工作、战胜困难的实际成效。

（5）必须坚持系统观念，深入实际、深入基层、深入群众调查了解情况，把握好全局和局部、当前和长远、宏观和微观、主要矛盾和次要矛盾、特殊和一般的关系，前瞻性思考、全局性谋划、整体性推进党和国家各项事业。

29. 调查研究的主要内容是什么？

（1）贯彻落实党中央决策部署和习近平总书记对本地区本部门本领域工作重要指示批示精神的主要情况和重点问题。

（2）贯彻新发展理念、构建新发展格局、推动高质量发展中的重大问题，推进高水平科技自立自强，扩大国内需求、深化供给侧结构性改革、建设现代化产业体系、落实“两个毫不动摇”、吸引和利用外资、全面推进乡村振兴中的主要情况和重点问题。

（3）统筹发展和安全，确保粮食、能源、产业链供应链、生产、食品药品、公共卫生等安全，防范化解重大经济金融风险中的主要情况和重点问题。

（4）全面深化改革开放中的重大问题，重要领域和关键环节改革、推进高水平对外开放中的主要情况和重点问题。

（5）全面依法治国中的重大问题，完善中国特色社会主义法律体系、推进依法行政、严格公正司法、建设法治社会等主要情况和重点问题。

（6）意识形态领域面临的挑战，推进文化自信自强、建设社会主义文化强国和新闻舆论引导、网络综合治理中的主要情况和重点问题。

（7）推进共同富裕、增进民生福祉中的重大问题，巩固拓展脱贫攻坚成果、缩小城乡区域发展差距和收入分配差距的主要情况和重点问题。

（8）人民最关心最直接最现实的利益问题，特别是就业、教育、医疗、托育、养老、住房等群众急难愁盼的具体问题。

（9）牢固树立和践行绿水青山就是金山银山理念方面的差距和不足，推进美丽中国建设、保护生态环境和维护生态安全中的主要情况和重点问题。

（10）维护社会稳定中的重大问题，防灾减灾救灾和重大突发公共事件处置保障短板，处理新形势下人民内部矛盾和强化社会治安整体防控的主要情况和重点问题。

（11）全面从严治党中的重大问题，落实党的领导弱化虚化淡化、党组织政治功能和组织功能不够强，干事创业精气神不足、不担当不作为，应对“黑天鹅”“灰犀牛”事件和防范化解风险能力不强，形式主义、官僚主义，特权思想和特权行为等重点问题。

（12）本地区本部门本单位长期未解决的老大难问题。

30. 在全党大兴调查研究的方法步骤是什么？

在全党大兴调查研究，分为 6 个步骤：

（1）提高认识。各级党委（党组）要通过理论学习中心组学习、读书班等，组织党员、干部深入学习领会习近平总书记关于调查研究的重要论述，学习习近平总书记关于本地区本部门本领域的重要讲话和重要指示批示精神，继承和发扬老一辈革命家深入基层调查研究的优良作风，增强做好调查研究的思想自觉、政治自觉、行动自觉。

（2）制定方案。各级党委（党组）要围绕调研内容，结合本地区本部门本单位实际，广泛听取各方面意见，研究制定调查研究的具体方案，明确调研的项目课题、方式方法和工作要求等，统筹安排、合理确定调研的时间、地点、人员。党委（党组）主要负责同志要亲自主持制定方案。

（3）开展调研。县处级以上领导班子成员每人牵头 1 个课题开展调研，同时，针对相关领域或工作中最突出的难点问题进行专项调研。要坚持因地制宜，综合运用座谈访谈、随机走访、问卷调查、专家调查、抽样调查、统计分析等方式，充分运用互联网、大数据等现代信息技术开展调查研究，提高科学性和实效性。要深入农村、社区、企业、医院、学校、新经济组织、新社会组织等基层单位，掌握实情、把脉问诊，问计于群众、问计于实践。要转换角色、走进群众，了解群众的烦心事操心事揪心事，发现和查找工作中的差距不足。要结合典型案例，分析问题、剖析原因，举一反三采取改进措施。要加强督查调研，检查工作是否真正落实、问题是否真正解决。

（4）深化研究。全面梳理汇总调研情况，运用习近平新时代中国特色社会主义思想的世界观、方法论和贯穿其中的立场观点方法，进行深入分析、充分论证和科学决策。特别是对那些具有普遍性和制度性的问题、涉及改革发展稳定的深层次关键性问题，以及难题积案和顽瘴痼疾等，要研究透彻、找准根源和症结。在此基础上，领导班子交流调研情况，研究对策措施，形成解决问题、促进工作的思路办法和政策举措，确保每个问题都有务实管用的破解之策。

（5）解决问题。对调研中反映和发现的问题，逐一梳理形成问题清单、责任清单、任务清单，逐一列出解决措施、责任单位、责任人和完成时限。对短期能够解决的，立行立改，马上就办。对一时难以解决、需要持续推进的，明确目标，紧盯不放，一抓到底，做到问题不解决不松劲、解决不彻底不放手。

（6）督查回访。各级党委（党组）要建立调研成果转化运用清单，加强对调研课题完成情况、问题解决情况的督查督办和跟踪问效；领导干部要定期对调研对象和解决问题等事项进行回访，注意发现和解决新的问题。

31. 新时代加强党的作风建设的主要内容是什么？

新时代加强党的作风建设是接续奋斗的历史延伸，内容非常丰富，内涵十分深刻。

（1）党的十八大以来，以习近平同志为核心的党中央从制定和落实中央八项规定开局破题，坚持自上而下、以上率下，解决了新形势下作风建设抓什么、怎么抓的问题。八项规定一子落地，作风建设满盘皆活，党风政风焕然一新，社风民风持续向好，我们党以作风建设新气象赢得了人民群众信任拥护。2025 年 3 月，中共中央办公厅印发《关于在全党开展深入贯彻中央八项规定精神学习教育的通知》。《通知》要求，要聚焦主题，注重实效，一体推进学查改，深入学习习近平总书记关于加强党的作风建设的重要论述和中央八项规定及其实施细则精神，系统总结党的十八大以来深入贯彻中央八项规定精神的成效和经验，全面深入查找贯彻中央八项规定及其实施细则精神方面存在的问题，结合实际加强警示教育，扎实推进集中整治，有针对性完善相关制度规定。坚持开门教育，自觉接受群众监督评判，确保学有质量、查有力度、改有成效。

（2）强调加强党的作风建设必须树立正确的权力观。作风问题都与公私问题有联系，都与公款、公权有关系。公款姓公，一分一厘都不能乱花；公权为民，一丝一毫都不能私用。必须时刻清楚这一点，做到公私分明、克己奉公、严格自律。密切联系群众优良作风的形成，是由全心全意为人民服务的根本宗旨决定的，做到权为民所用，首先必须打牢权为民所赋的意识。破解作风与权力的关系之题，显示了习近平总书记关于加强党的作风建设思想的深刻性。

（3）把作风问题与坚定理想信念紧密联系，强调理想信念对共产党人具有安身立命的意义。作风与信念是共产党人外表与内里的关系，内里的灵魂高尚了，外表的作风才能清正，作风不实不正不廉，一定是理想信念上出了问题。

（4）突出重点抓好领导干部的作风建设。作为全党的表率，领导干部影响着党的作风全局，要抓住领导干部这个“关键少数”，建设高素质干部队伍。

（5）注重加强党的作风建设的制度保证。在全面从严治党的实践中，制度建设与作风建设有机结合开创了党的建设新局面。

32. 新时代加强党的作风建设的主要特征是什么？

任何实践都是在特定的历史条件下进行的，新时代加强党的作风建设具有鲜明的时代特征。

（1）牢牢把握党的作风建设中以人民为中心的政治站位。端正党的作风首先是健康党的肌体，但加强作风建设的意义却不只限于其自身。执政党的作风直接面对的是人民，以人民为中心的发展思想强调了共产党人的政治站位问题。我们党应该具有什么样的作风，是由马克思主义政党的先进本质决定的，党和人民利益的一致性要求必须明确人民的中心位置，全面从严治党必须切实解决以人民为中心的政治站位问题。“人民群众反对什么、痛恨什么，我们就要坚决防范和纠正什么”，以人民为中心的发展思想，是习近平总书记关于加强党的作风建设思想的重要特征。

（2）以问题为导向解决党的作风问题。推进党和国家各项工作，必须坚持问题导向，倾听人民呼声。

（3）注重党的作风建设的顶层设计。党的十八大以来，以习近平同志为核心的党中央有序部署和推进党的作风建设，先是聚焦“四风”问题，重点转变党的作风，然后将转变党风引向严肃党内政治生活和强化党内监督，净化党内政治生态，显示由浅到深、由表及里的深化进路。

（4）坚持在党的作风建设中勇于自我革命的魄力和勇气。中国共产党人进行的伟大社会革命必须要有自我革命的勇气，要敢于直面问题，勇于自我解剖。治理党的作风顽症必须敢于在自己身上动刀。新时代加强党的作风建设体现了踏石留印、抓铁有痕的决心与猛药治疴、一抓到底的精神。

33. 新时代党的作风建设的核心是什么？

作风建设的核心是保持党同人民群众的血肉联系，是以人民为中心价值取向对党自身提出的道德要求。以习近平同志为核心的党中央把中央八项规定作为加强作风建设的切入点、全面从严治党的突破口，率先垂范、身体力行，较真碰硬，善作善成，开创了全面从严治党新局面，推进中国特色社会主义进入新时代。

第五章

党的纪律建设

1. 什么是党的纪律？

党章规定："党的纪律是党的各级组织和全体党员必须遵守的行为规则，是维护党的团结统一、完成党的任务的保证。党组织必须严格执行和维护党的纪律，共产党员必须自觉接受党的纪律的约束。"党的纪律是统一平等的纪律，是党员必须自觉遵守的纪律，是科学的纪律，是铁的纪律。

2. 党章把党的纪律划分为哪几个方面？

党章第四十条明确规定："党的纪律主要包括政治纪律、组织纪律、廉洁纪律、群众纪律、工作纪律、生活纪律。"

3. 党的纪律处分工作的总体要求是什么？

党的纪律建设必须坚持以马克思列宁主义、毛泽东思想、邓小平理论、“三个代表”重要思想、科学发展观、习近平新时代中国特色社会主义思想为指导，坚持和加强党的全面领导，坚决维护习近平总书记党中央的核心、全党的核心地位，坚决维护党中央权威和集中统一领导，弘扬伟大建党精神，坚持自我革命，贯彻全面从严治党战略方针，落实新时代党的建设总要求，推动解决大党独有难题、健全全面从严治党体系，全面加强党的纪律建设，为以中国式现代化全面推进强国建设、民族复兴伟业提供坚强纪律保障。

4. 党的纪律处分工作应当遵循的原则是什么？

（1）坚持党要管党、全面从严治党。把严的基调、严的措施、严的氛围长期坚持下去，加强对党的各级组织和全体党员的教育、管理和监督，把纪律挺在前面，抓早抓小、防微杜渐。

（2）党纪面前一律平等。对违犯党纪的党组织和党员必须严肃、公正执行纪律，党内不允许有任何不受纪律约束的党组织和党员。

（3）实事求是。对党组织和党员违犯党纪的行为，应当以事实为依据，以党章、其他党内法规和国家法律法规为准绳，执纪执法贯通，准确认定行为性质，区别不同情况，恰当予以处理。

（4）坚持民主集中制。实施党纪处分，应当按照规定程序经党组织集体讨论决定，不允许任何个人或者少数人擅自决定和批准。上级党组织对违犯党纪的党组织和党员作出的处理决定，下级党组织必须执行。

（5）惩前毖后、治病救人。处理违犯党纪的党组织和党员，应当实行惩戒与教育相结合，做到宽严相济。

5. 党的纪律处分的对象是什么？

党的纪律处分的对象是违犯党纪应当受到党纪责任追究的党组织和党员。

党组织和党员违反党章和其他党内法规，违反国家法律法规，违反党和国家政策，违反社会主义道德，危害党、国家和人民利益的行为，依照规定应当给予纪律处理或者处分的，都必须受到追究。

要重点查处党的十八大以来不收敛、不收手，问题线索反映集中、群众反映强烈，政治问题和经济问题交织的腐败案件，违反中央八项规定精神的问题。

6. 党的纪律处分有哪几种？

党章和《中国共产党纪律处分条例》规定，对违纪党员给予的党的纪律处分有5种：警告、严重警告、撤销党内职务、留党察看、开除党籍。

对于违犯党纪的党组织，上级党组织应当责令其作出书面检查或者给予通报批评。对于严重违犯党纪、本身又不能纠正的党组织，上一级党的委员会在查明核实后，根据情节严重的程度，可以予以改组、解散。

对于受到改组处理的党组织领导机构成员，除应当受到撤销党内职务以上处分的外，均自然免职。

对于受到解散处理的党组织中的党员，应当逐个审查。其中，符合党员条件的，应当重新登记，并参加新的组织过党的生活；不符合党员条件的，应当对其进行教育、限期改正，经教育仍无转变的，予以劝退或者除名；有违纪行为的，依照规定予以追究。

7. 除名和开除党籍有何区别？

与开除党籍不同，除名是指党组织按照党章规定取消党员资格。除名是党组织处置不合格党员的组织处理措施，并不是一种纪律处分。

8. 违反党的政治纪律的行为有哪些？

党的政治纪律要求党员坚定执行党的政治路线，严格遵守政治纪律和政治规矩，在政治立场、政治方向、政治原则、政治道路和路线方针政策执行上同党中央保持高度一致。

根据《中国共产党纪律处分条例》第六章“对违反政治纪律行为的处分”的规定，违反政治纪律的行为主要有以下几种：

（1）在重大原则问题上不同党中央保持一致且有实际言论、行为或者造成不良后果的行为。

（2）通过网络、广播、电视、报刊、传单、书籍等，或者利用讲座、论坛、报告会、座谈会等方式，公开发表坚持资产阶级自由化立场、反对四项基本原则，反对党的改革开放决策的文章、演说、宣言、声明等的行为。

（3）发布、播出、刊登、出版坚持资产阶级自由化立场、反对四项基本原则，反对党的改革开放决策的文章、演说、宣言、声明等或者为上述行为提供方便条件的行为。

（4）通过网络、广播、电视、报刊、传单、书籍等，或者利用讲座、论坛、报告会、座谈会等方式，公开发表违背四项基本原则，违背、歪曲党的改革开放决策，或者其他有严重政治问题的文章、演说、宣言、声明等；妄议党中央大政方针，破坏党的集中统一；丑化党和国家形象，或者诋毁、诬蔑党和国家领导人、英雄模范，或者歪曲党的历史、中华人民共和国历史、人民军队历史的行为。

（5）发布、播出、刊登、出版第五十一条第一款所列内容或者为上述行为提供方便条件的行为。

（6）制作、贩卖、传播第五十条、第五十一条所列内容之一的报刊、书籍、音像制品、电子读物，以及网络文本、图片、音频、视频资料等的行为。

（7）私自携带、寄递第五十条、第五十一条所列内容之一的报刊、书籍、音像制品、电子读物等入出境的行为。

（8）私自阅看、浏览、收听第五十条、第五十一条所列内容之一的报刊、书籍、音像制品、电子读物，以及网络文本、图片、音频、视频资料等的行为。

（9）在党内组织秘密集团或者组织其他分裂党的活动的行为。

（10）参加秘密集团或者参加其他分裂党的活动的行为。

（11）在党内搞团团伙伙、结党营私、拉帮结派、政治攀附、培植个人势力等非组织活动，或者通过搞利益交换、为自己营造声势等活动捞取政治资本的行为；导致本地区、本部门、本单位政治生态恶化的行为。

（12）搞投机钻营，结交政治骗子或者被政治骗子利用的行为。

（13）充当政治骗子的行为。

（14）党员领导干部在本人主政的地方或者分管的部门自行其是，搞山头主义，拒不执行党中央确定的大政方针，甚至背着党中央另搞一套的行为。

（15）贯彻党中央决策部署只表态不落实，或者落实党中央决策部署不坚决，打折扣、搞变通，在政治上造成不良影响或者严重后果的行为。

（16）不顾党和国家大局，搞部门或者地方保护主义的行为。

（17）党员领导干部政绩观错位，违背新发展理念、背离高质量发展要求，给党、国家和人民利益造成较大损失的行为。

（18）搞劳民伤财的“形象工程”“政绩工程”的行为。

（19）对党不忠诚不老实，表里不一，阳奉阴违，欺上瞒下，搞两面派，做两面人，在政治上造成不良影响的行为。

（20）制造、散布、传播政治谣言，破坏党的团结统一的行为。

（21）政治品行恶劣，匿名诬告，有意陷害或者制造其他谣言，造成损害或者不良影响的行为。

（22）擅自对应当由党中央决定的重大政策问题作出

决定、对外发表主张的行为。

（23）不按照有关规定向组织请示、报告重大事项的行为。

（24）干扰巡视巡察工作或者不落实巡视巡察整改要求的行为。

（25）对抗组织审查，有下列行为之一的：串供或者伪造、销毁、转移、隐匿证据；阻止他人揭发检举、提供证据材料；包庇同案人员；向组织提供虚假情况，掩盖事实；其他对抗组织审查的行为。

（26）组织、参加反对党的基本理论、基本路线、基本方略或者重大方针政策的集会、游行、示威等活动的，或者以组织讲座、论坛、报告会、座谈会等方式，反对党的基本理论、基本路线、基本方略或者重大方针政策，造成严重不良影响的行为。

（27）对其他参加人员或者以提供信息、资料、财物、场地等方式支持上述活动者的行为。

（28）未经组织批准参加其他集会、游行、示威等活动的行为。

（29）组织、参加旨在反对党的领导、反对社会主义制度或者敌视政府等组织的行为。

（30）组织、参加会道门或者邪教组织的行为。

（31）从事、参与挑拨破坏民族关系制造事端或者参加民族分裂活动的行为。

（32）其他违反党和国家民族政策的行为。

（33）组织、利用宗教活动反对党的理论、路线、方针、政策和决议，破坏民族团结的行为。

（34）其他违反党和国家宗教政策的行为。

（35）对信仰宗教的党员，经党组织帮助教育仍没有转变的行为；劝而不退的行为；参与利用宗教搞煽动活动的行为。

（36）组织迷信活动的行为。

（37）参加迷信活动或者个人搞迷信活动，造成不良影响的行为。

（38）组织、利用宗族势力对抗党和政府，妨碍党和国家的方针政策以及决策部署的实施，或者破坏党的基层组织建设的行为。

（39）在国（境）外、外国驻华使（领）馆申请政治避难，或者违纪后逃往国（境）外、外国驻华使（领）馆的行为。

（40）在国（境）外公开发表反对党和政府的文章、演说、宣言、声明等的行为。

（41）故意为在国（境）外、外国驻华使（领）馆申请政治避难，或者违纪后逃往国（境）外、外国驻华使（领）馆和在国（境）外公开发表反对党和政府的文章、演说、宣言、声明等行为提供方便条件的行为。

（42）在涉外活动中，其言行在政治上造成恶劣影响，损害党和国家尊严、利益的行为。

（43）不履行全面从严治党主体责任、监督责任或者履行全面从严治党主体责任、监督责任不力，给党组织造成严重损害或者严重不良影响的行为。

（44）党员领导干部对违反政治纪律和政治规矩等错误思想和行为不报告、不抵制、不斗争，放任不管，搞无原则一团和气，造成不良影响的行为。

（45）违反党的优良传统和工作惯例等党的规矩，在政治上造成不良影响或者严重后果的行为。

9. 违反党的组织纪律的行为有哪些？

党的组织纪律是维护党的团结统一的原则与规范，是处理党组织之间和党组织与党员之间关系的纪律。组织纪律的核心是党的民主集中制原则。

根据《中国共产党纪律处分条例》第七章“对违反组织纪律行为的处分”的规定，违反组织纪律的行为主要有以下几种：

（1）违反民主集中制原则的行为，包括：拒不执行或者擅自改变党组织作出的重大决定；违反议事规则，个人或者少数人决定重大问题；故意规避集体决策，决定重大事项、重要干部任免、重要项目安排和大额资金使用；借集体决策名义集体违规。

（2）下级党组织拒不执行或者擅自改变上级党组织决定的行为。

（3）拒不执行党组织的分配、调动、交流等决定的行为。

（4）在特殊时期或者紧急状况下，拒不执行党组织分配、调动、交流等决定的行为。

（5）在党组织纪律审查中，依法依规负有作证义务的党员拒绝作证或者故意提供虚假情况的行为。

（6）有下列行为之一的：违反个人有关事项报告规定，隐瞒不报；在组织进行谈话函询时，不如实向组织说明问题；不按要求报告或者不如实报告个人去向；不如实填报个人档案资料。

（7）在组织进行谈话函询时，不如实向组织说明问题，同时向组织提供虚假情况、掩盖事实的行为。

（8）篡改、伪造个人档案资料的行为。

（9）隐瞒入党前严重错误的行为。

（10）党员领导干部违反有关规定组织、参加自发成立的老乡会、校友会、战友会等的行为。

（11）有下列行为之一的：在民主推荐、民主测评、组织考察和党内选举中搞拉票、助选等非组织活动；在法律规定的投票、选举活动中违背组织原则搞非组织活动，组织、怂恿、诱使他人投票、表决；在选举中进行其他违反党章、其他党内法规和有关章程活动。

（12）搞有组织的拉票贿选，或者用公款拉票贿选的行为。

（13）在干部选拔任用工作中，有任人唯亲、排斥异己、封官许愿、说情干预、跑官要官、突击提拔或者调整干部等违反干部选拔任用规定行为。

（14）用人失察失误造成严重后果的行为。

（15）在推进领导干部能上能下工作中，搞好人主义，有下列行为之一的：以党纪政务等处分规避组织调整；以组织调整代替党纪政务等处分；其他避重就轻作出处理行为。

（16）在干部、职工的录用、考核、职务职级晋升、职称评聘、荣誉表彰，授予学术称号和征兵、安置退役军人等工作中，隐瞒、歪曲事实真相，或者利用职权或者职务上的影响违反有关规定为本人或者其他人谋取利益的行为。

（17）弄虚作假，骗取职务、职级、职称、待遇、资格、学历、学位、荣誉、称号或者其他利益的行为。

（18）侵犯党员的表决权、选举权和被选举权的行为。

（19）以强迫、威胁、欺骗、拉拢等手段，妨害党员自主行使表决权、选举权和被选举权的行为。

（20）有下列行为之一的：对批评、检举、控告进行阻挠、压制，或者将批评、检举、控告材料私自扣压、销毁，或者故意将其泄露给他人；对党员的申辩、辩护、作证等进行压制，造成不良后果；压制党员申诉，造成不良后果，或者不按照有关规定处理党员申诉；其他侵犯党员权利行为，造成不良后果。

（21）对批评人、检举人、控告人、证人及其他人员打击报复的行为。

（22）违反党章和其他党内法规的规定，采取弄虚作假或者其他手段把不符合党员条件的人发展为党员，或者为非党员出具党员身份证明的行为。

（23）违反有关规定程序发展党员的行为。

（24）违反有关规定取得外国国籍或者获取国（境）外永久居留资格、长期居留许可的行为。

（25）违反有关规定办理因私出国（境）证件、前往港澳通行证，或者未经批准出入国（边）境的行为。

（26）虽经批准因私出国（境）但存在擅自变更路线、无正当理由超期未归等超出批准范围出国（境）行为的行为。

（27）驻外机构或者临时出国（境）团（组）中的党员擅自脱离组织，或者从事外事、机要、军事等工作的党员违反有关规定同国（境）外机构、人员联系和交往的行为。

（28）驻外机构或者临时出国（境）团（组）中的党员，脱离组织出走时间不满 6 个月又自动回归的行为；脱离组织出走时间超过 6 个月的行为。

（29）故意为他人脱离组织出走提供方便条件的行为。

10. 违反党的廉洁纪律的行为有哪些？

党的廉洁纪律是党组织和党员在从事公务活动或者其他与行使职权有关的活动中，应当遵守的廉洁用权的行为规则，是实现干部清正、政府清廉、政治清明的重要保障。廉洁纪律一直是党风廉政建设和反腐败工作的重点。

根据《中国共产党纪律处分条例》第八章“对违反廉洁纪律行为的处分”的规定，违反廉洁纪律的行为主要有以下几种：

（1）利用职权或者职务上的影响为他人谋取利益，本人的配偶、子女及其配偶等亲属和其他特定关系人收受对方财物的行为。

（2）相互利用职权或者职务上的影响为对方及其配偶、子女及其配偶等亲属、身边工作人员和其他特定关系人谋取利益搞权权交易的行为。

（3）纵容、默许配偶、子女及其配偶等亲属、身边工作人员和其他特定关系人利用党员干部本人职权或者职务上的影响谋取私利的行为。

（4）党员干部的配偶、子女及其配偶等亲属和其他特定关系人不实际工作而获取薪酬或者虽实际工作但领取明显超出同职级标准薪酬，党员干部知情未予纠正的行为。

（5）收受可能影响公正执行公务的礼品、礼金、消费卡（券）和有价证券、股权、其他金融产品等财物的行为。

（6）收受其他明显超出正常礼尚往来的财物的行为。

（7）向从事公务的人员及其配偶、子女及其配偶等亲属和其他特定关系人赠送明显超出正常礼尚往来的礼品、礼金、消费卡（券）和有价证券、股权、其他金融产品等财物的行为。

（8）以讲课费、课题费、咨询费等名义变相送礼的行为。

（9）借用管理和服务对象的钱款、住房、车辆等，可能影响公正执行公务的行为。

（10）通过民间借贷等金融活动获取大额回报，可能影响公正执行公务的行为。

（11）利用职权或者职务上的影响操办婚丧喜庆事宜，造成不良影响的行为；借机敛财或者有其他侵犯国家、集体和人民利益行为的行为。

（12）接受、提供可能影响公正执行公务的宴请或者旅游、健身、娱乐等活动安排的行为。

（13）违反有关规定取得、持有、实际使用运动健身卡、会所和俱乐部会员卡、高尔夫球卡等各种消费卡（券），或者违反有关规定出入私人会所的行为。

（14）违反有关规定从事营利活动的行为，有下列行为之一的：经商办企业；拥有非上市公司（企业）的股份或者证券；买卖股票或者进行其他证券投资；从事有偿中介活动；在国（境）外注册公司或者投资入股；其他违反有关规定从事营利活动的行为。

（15）利用参与企业重组改制、定向增发、兼并投资、土地使用权出让等工作中掌握的信息买卖股票，利用职权或者职务上的影响通过购买信托产品、基金等方式非正常获利的行为。

（16）违反有关规定在经济组织、社会组织等单位中兼职，或者经批准兼职但获取薪酬、奖金、津贴等额外利益的行为。

（17）利用职权或者职务上的影响，为配偶、子女及其配偶等亲属和其他特定关系人在审批监管、资源开发、金融信贷、大宗采购、土地使用权出让、房地产开发、工程招投标以及公共财政收支等方面谋取利益的行为。

（18）利用职权或者职务上的影响，为配偶、子女及其配偶等亲属和其他特定关系人吸收存款、推销金融产品、经营名贵特产类特殊资源等提供帮助谋取利益的行为。

（19）离职或者退（离）休后违反有关规定接受原任职务管辖的地区和业务范围内或者与原工作业务直接相关的企业和中介机构等单位的聘用，或者个人从事与原任职务管辖业务或者与原工作业务直接相关的营利活动的行为。

（20）党员领导干部离职或者退（离）休后违反有关规定担任上市公司、基金管理公司独立董事、独立监事等职务的行为。

（21）离职或者退（离）休后利用原职权或者职务上的影响，为配偶、子女及其配偶等亲属和其他特定关系人从事经营活动谋取利益的行为。

（22）离职或者退（离）休后利用原职权或者职务上的影响为他人谋取利益，本人的配偶、子女及其配偶等亲属和其他特定关系人收受对方财物的行为。

（23）党员领导干部的配偶、子女及其配偶，违反有关规定在该党员领导干部管辖的地区和业务范围内从事可能影响其公正执行公务的经营活动，或者有其他违反经商办企业禁业规定行为的行为；拒不纠正的行为；不辞去现任职务或者不服从组织调整职务的行为。

（24）党和国家机关违反有关规定经商办企业的行为。

（25）党员领导干部违反工作、生活保障制度，在交通、医疗、警卫等方面为本人、配偶、子女及其配偶等亲属、身边工作人员和其他特定关系人谋求特殊待遇的行为。

（26）在分配、购买住房中侵犯国家、集体利益的行为。

（27）利用职权或者职务上的影响，侵占非本人经管的公私财物，或者以象征性地支付钱款等方式侵占公私财物，或者无偿、象征性地支付报酬接受服务、使用劳务的行为。

（28）利用职权或者职务上的影响，将应当由本人、配偶、子女及其配偶等亲属、身边工作人员和其他特定关系人个人支付的费用，由下属单位、其他单位或者他人支付、报销的行为。

（29）利用职权或者职务上的影响，违反有关规定占用公物归个人使用，时间超过6个月的行为。

（30）占用公物进行营利活动的行为。

（31）将公物借给他人进行营利活动的行为。

（32）违反有关规定组织、参加用公款支付的宴请、娱乐、健身活动，或者用公款购买赠送或者发放礼品、消费卡（券）等的行为。

（33）违反有关规定自定薪酬或者滥发津贴、补贴、奖金、福利等的行为。

（34）有下列行为之一的：公款旅游或者以学习培训、考察调研、职工疗养等为名变相公款旅游；改变公务行程，借机旅游；参加所管理企业、下属单位组织的考察活动，借机旅游的行为。

（35）以考察、学习、培训、研讨、招商、参展等名义变相用公款出国（境）旅游的行为。

（36）违反接待管理规定，超标准、超范围接待或者借机大吃大喝的行为。

（37）违反有关规定配备、购买、更换、装饰、使用公务交通工具或者有其他违反公务交通工具管理规定的行为。

（38）违反会议活动管理规定，有下列行为之一的：到禁止召开会议的风景名胜区开会；决定或者批准举办各类节会、庆典活动；其他违反会议活动管理规定行为。

（39）擅自举办评比达标表彰、创建示范活动或者借评比达标表彰、创建示范活动收取费用的行为。

（40）违反办公用房管理等规定，有下列行为之一的：决定或者批准兴建、装修办公楼、培训中心等楼堂馆所；超标准配备、使用办公用房；未经批准租用、借用办公用房；用公款包租、占用客房或者其他场所供个人使用；其他违反办公用房管理等规定行为。

（41）搞权色交易或者给予财物搞钱色交易的行为。

（42）有其他违反廉洁纪律规定行为的行为。

11. 违反党的群众纪律的行为有哪些？

党的群众纪律是指党的组织和党员在贯彻执行党的群众路线中必须遵循的行为规则，是处理党组织、党员与群众关系所必须遵循的原则和要求。

《中国共产党纪律处分条例》第九章“对违反群众纪律行为的处分”列出了违反党的群众纪律的行为，主要有以下几种：

（1）超标准、超范围向群众筹资筹劳、摊派费用，加重群众负担；违反有关规定扣留、收缴群众款物或者处罚群众；克扣群众财物，或者违反有关规定拖欠群众钱款；在管理、服务活动中违反有关规定收取费用；在办理涉及群众事务时刁难群众、吃拿卡要；其他侵害群众利益行为。

（2）在乡村振兴领域有上述行为的。

（3）干涉生产经营自主权，致使群众财产遭受较大损失的行为。

（4）在社会保障、社会救助、政策扶持、救灾救济款物分配等事项中优亲厚友、明显有失公平的行为。

（5）利用宗族或者黑恶势力等欺压群众，或者纵容涉黑涉恶活动、为黑恶势力充当“保护伞”的行为。

（6）对涉及群众生产、生活等切身利益的问题依照政策或者有关规定能解决而不及时解决，庸懒无为、效率低下，造成不良影响；对符合政策的群众诉求消极应付、推诿扯皮，损害党群、干群关系；对待群众态度恶劣、简单粗暴，造成不良影响；弄虚作假，欺上瞒下，损害群众利益；其他不作为、乱作为、慢作为、假作为等损害群众利益行为。

（7）遇到国家财产和群众生命财产受到严重威胁时，能救而不救的行为。

（8）不按照规定公开党务、政务、厂务、村（居）务等，侵犯群众知情权的行为。

（9）有其他违反群众纪律规定行为的行为。

12. 违反党的工作纪律的行为有哪些？

党的工作纪律是党组织和党员在党的各项具体工作中必须遵循的行为准则，是党组织和党员依规开展各项工作的重要保证。党的工作内容丰富，包括宣传工作、教育工作、组织工作、纪律检查工作、群众工作、统一战线工作等。保证党的各项工作顺利进行离不开严明的工作纪律。

《中国共产党纪律处分条例》第十章“对违反工作纪律行为的处分”列出了违反党的工作纪律的行为，主要有以下几种：

（1）工作中不负责任或者疏于管理，贯彻执行、检查督促落实上级决策部署不力，给党、国家和人民利益以及公共财产造成较大损失的行为。

（2）党员领导干部对于到任前已经存在且属于其职责范围内的问题，消极回避、推卸责任，造成严重损害或者严重不良影响的行为。

（3）工作中不敢斗争、不愿担当，面对重大矛盾冲突、危机困难临阵退缩，造成不良影响或者严重后果的行为。

（4）热衷于搞舆论造势、浮在表面；单纯以会议贯彻会议、以文件落实文件，在实际工作中不见诸行动；脱离实际，不作深入调查研究，搞随意决策、机械执行；违反精文减会有关规定搞文山会海；在督查检查考核等工作中搞层层加码、过度留痕，增加基层工作负担；工作中其他形式主义、官僚主义行为。

（5）在公务活动用餐、单位食堂用餐管理工作中不履行或者不正确履行宣传教育、监督管理职责，导致餐饮浪费，造成严重不良影响的行为。

（6）擅自超出“三定”规定范围调整职责、设置机构、核定领导职数和配备人员；违规干预地方机构设置；其他违反机构编制管理规定行为。

（7）不按照规定受理、办理信访事项；对规模性集体访等处置不力，导致事态扩大；对党委和政府信访部门提出的改进工作、完善政策等建议重视不够、落实不力，导致问题长期得不到解决；其他不履行或者不正确履行信访工作职责行为。

（8）不履行或者不正确履行职责，导致信访事项发生，造成不良影响或者严重后果的行为。

（9）党员被立案审查期间，擅自批准其出差、出国（境）、辞职，或者对其交流、提拔职务、晋升职级、进一步使用、奖励，或者办理退休手续；党员被依法追究刑事责任后，不按照规定给予党纪处分，或者对党员违反国家法律法规的行为，应当给予党纪处分而不处分；党纪处分决定或者申诉复查决定作出后，不按照规定落实决定中关于被处分人党籍、职务、职级、待遇等事项；党员受到党纪处分后，不按照干部管理权限和组织关系对受处分党员开展日常教育、管理和监督工作。

（10）滥用问责，或者在问责工作中严重不负责任，造成不良影响的行为。

（11）因工作不负责任致使所管理的人员叛逃的行为。

（12）因工作不负责任致使所管理的人员出逃、出走的行为。

（13）进行统计造假的行为。

（14）对统计造假失察，造成严重后果的行为。

（15）在上级检查、视察工作或者向上级汇报、报告工作时对应当报告的事项不报告或者不如实报告，造成严重损害或者严重不良影响的行为。

（16）在上级检查、视察工作或者向上级汇报、报告工作时纵容、唆使、暗示、强迫下级说假话、报假情的行为。

（17）干预和插手建设工程项目承发包、土地使用权出让、政府采购、房地产开发与经营、矿产资源开发利用、中介机构服务等活动；干预和插手国有企业重组改制、兼并、破产、产权交易、清产核资、资产评估、资产转让、重大项目投资以及其他重大经营活动等事项；干预和插手批办各类行政许可和资金借贷等事项；干预和插手经济纠纷；干预和插手集体资金、资产和资源的使用、分配、承包、租赁等事项。

（18）违反有关规定干预和插手司法活动、执纪执法活动，向有关地方或者部门打听案情、打招呼、说情，或者以其他方式对司法活动、执纪执法活动施加影响的行为。

（19）违反有关规定干预和插手公共财政资金分配、项目立项评审、功勋荣誉表彰奖励等活动，造成重大损失或者不良影响的行为。

（20）按照有关规定对干预和插手行为负有报告和登记义务的受请托人，不按照规定报告或者登记的行为。

（21）泄露、扩散或者打探、窃取党组织关于干部选拔任用、纪律审查、巡视巡察等尚未公开事项或者其他应当保密的内容的行为。

（22）私自留存涉及党组织关于干部选拔任用、纪律审查、巡视巡察等方面资料的行为。

（23）在考试、录取工作中，有泄露试题、考场舞弊、涂改考卷、违规录取等违反有关规定的行为。

（24）以不正当方式谋求本人或者其他人用公款出国（境）的行为。

（25）临时出国（境）团（组）或者人员中的党员，擅自延长在国（境）外期限，或者擅自变更路线的行为。

（26）驻外机构或者临时出国（境）团（组）中的党员，触犯驻在国家、地区的法律、法令或者不尊重驻在国家、地区的宗教习俗的行为。

（27）在党的纪律检查、组织、宣传、统一战线工作以及机关工作等其他工作中，不履行或者不正确履行职责，造成损失或者不良影响的行为。

13. 违反党的生活纪律的行为有哪些？

党的生活纪律是党员在日常生活和社会交往中应当遵守的行为规则，涉及党员个人品德、家庭美德、社会公德等各个方面，关系着党的形象。每一名党员在生活中必须严以修身、严以律己，坚决反对享乐主义和奢靡之风，坚决反对一切庸俗、落后、腐化和违背党的理想信念宗旨的行为，自觉遵守家庭美德和社会的公序良俗等生活纪律。

《中国共产党纪律处分条例》第十一章“对违反生活纪律行为的处分”列出了违反党的生活纪律的行为，主要有以下几种：

（1）生活奢靡、铺张浪费、贪图享乐、追求低级趣味，造成不良影响的行为。

（2）与他人发生不正当性关系，造成不良影响的行为。

（3）利用职权、教养关系、从属关系或者其他相类似关系与他人发生性关系的行为。

（4）党员领导干部不重视家风建设，对配偶、子女及其配偶失管失教，造成不良影响或者严重后果的行为。

（5）违背社会公序良俗，在公共场所、网络空间有不当言行，造成不良影响的行为。

（6）有其他严重违反社会公德、家庭美德行为的行为。

14. 哪些情形可以从轻或者减轻处分？

（1）主动交代本人应当受到党纪处分的问题。

（2）在组织谈话函询、初步核实、立案审查过程中，能够配合核实审查工作，如实说明本人违纪违法事实。

（3）检举同案人或者其他人应当受到党纪处分或者法律追究的问题，经查证属实，或者有其他立功表现。

（4）主动挽回损失、消除不良影响或者有效阻止危害结果发生。

（5）主动上交或者退赔违纪所得。

（6）党内法规规定的其他从轻或者减轻处分情形。

15. 哪些情形应当从重或者加重处分？

（1）强迫、唆使他人违纪。

（2）拒不上交或者退赔违纪所得。

（3）违纪受处分后又因故意违纪应当受到党纪处分。

（4）违纪受处分后，又被发现其受处分前没有交代的其他应当受到党纪处分的问题。

（5）党内法规规定的其他从重或者加重处分情形。

16. 哪些情形可以免予、不予党纪处分或者不追究党纪责任？

对于党员违犯党纪应当给予警告或者严重警告处分，但是具有《中国共产党纪律处分条例》第十七条规定的情形之一或者该条例分则中另有规定的，可以给予批评教育、责令检查、诫勉或者组织处理，免予党纪处分。对违纪党员免予处分，应当作出书面结论。党员有作风纪律方面的苗头性、倾向性问题或者违犯党纪情节轻微的，可以给予谈话提醒、批评教育、责令检查等，或者予以诫勉，不予党纪处分。党员行为虽然造成损失或者后果，但不是出于故意或者过失，而是由于不可抗力等原因所引起的，不追究党纪责任。

17. 对党员的纪律处分的程序是什么？

对党员进行纪律处分的工作程序是：

（1）对党员所犯错误作认真深入的调查，形成情况调查报告。

（2）与违纪党员谈话，进行帮助和教育，听取他们对错误事实的说明和申辩。

（3）召开党支部委员会会议，根据落实的违纪事实，依据党纪规定，在案件纪律检查机关处分建议基础上，讨论对犯错误党员的处分意见，并草拟好处分决定。

（4）召开支部大会，在充分讨论的基础上作出处分决定。召开处分党员的支部大会，应当通知包括犯错误党员在内的全体党员参加。违反纪律的党员应当在支部大会上就自己所犯的错误作出检查，同时也有权利对所犯错误作出说明和申辩。参加支部大会的其他党员应当对违反纪律的党员进行批评教育，对党支部委员会提出的处理意见表明自己的态度和看法，同时也可以为违反纪律的党员进行辩护。处分决定必须由应到会有表决权的党员半数以上同意方可通过。犯错误的党员亦有权参与表决。

（5）党支部委员会将支部大会讨论通过的处分决定给受处分的党员签署意见，然后按审批权限逐级上报。上报审批所附的材料应当包括：错误事实的调查报告、证明材料、本人检讨材料、支部大会通过的处分决定、本人对处分的意见以及其他有关材料。执行党纪处分决定的机关或者受处分党员所在单位，应当在6个月内将处分决定的执行情况向作出或者批准处分决定的机关报告。不按照规定落实党纪处分决定和其他相关处理手续的，应当追究主要责任者和其他直接责任人员的责任。其中情节较重应当给予党纪处分的，依照《中国共产党纪律处分条例》的规定处理。

18. 党纪处分决定作出后，如何宣布和执行？

党纪处分决定作出后，应当在1个月内向受处分党员所在党的基层组织中的全体党员及其本人宣布，是领导班子成员的还应当向所在党组织领导班子宣布，并按照干部管理权限和组织关系将处分决定材料归入受处分者档案；对于受到撤销党内职务以上（含撤销党内职务）处分的，还应当在1个月内办理职务、工资、工作及其他有关待遇等相应变更手续；涉及撤销或者调整其党外职务的，应当建议党外组织及时撤销或者调整其党外职务。特殊情况下，经作出或者批准作出处分决定的组织批准，可以适当延长办理期限。办理期限最长不得超过 6 个月。

19. 党纪处分的影响期分别是多长？

党员受到警告处分 1 年内、受到严重警告处分 1 年半内，不得在党内提升职务和向党外组织推荐担任高于其原任职务的党外职务。

撤销党内职务处分，是指撤销受处分党员由党内选举或者组织任命的党内职务。对于在党内担任两个以上职务的，党组织在作处分决定时，应当明确是撤销其一切职务还是一个或者几个职务。如果决定撤销其一个职务，必须撤销其担任的最高职务。如果撤销其两个以上职务，则必须从其担任的最高职务开始依次撤销。对于在党外组织担任职务的，应当建议党外组织依照规定作出相应处理。对于应当受到撤销党内职务处分，但是本人没有担任党内职务的，应当给予其严重警告处分。同时，在党外组织担任职务的，应当建议党外组织撤销其党外职务。党员受到撤销党内职务处分，或者依照上述规定受到严重警告处分的，2 年内不得在党内担任和向党外组织推荐担任与其原任职务相当或者高于其原任职务的职务。

留党察看处分，分为留党察看 1 年、留党察看 2 年。对于受到留党察看处分 1 年的党员，期满后仍不符合恢复党员权利条件的，应当延长 1 年留党察看期限。留党察看期限最长不得超过 2 年。

党员受留党察看处分期间，没有表决权、选举权和被选举权。留党察看期间，确有悔改表现的，期满后恢复其党员权利；坚持不改或者又发现其他应当受到党纪处分的违纪行为的，应当开除党籍。

党员受到留党察看处分，其党内职务自然撤销。对于担任党外职务的，应当建议党外组织撤销其党外职务。受到留党察看处分的党员，恢复党员权利后 2 年内，不得在党内担任和向党外组织推荐担任与其原任职务相当或者高于其原任职务的职务。

党员受到开除党籍处分，5 年内不得重新入党，也不得推荐担任与其原任职务相当或者高于其原任职务的党外职务。另有规定不准重新入党的，依照规定。

党的各级代表大会的代表受到留党察看以上处分的，党组织应当终止其代表资格。

20. 什么是主动交代？

主动交代，是指涉嫌违纪的党员在组织谈话函询、初步核实前向有关组织交代自己的问题，或者在谈话函询、初步核实和立案审查期间交代组织未掌握的问题。

21. 对违纪后下落不明的党员应当如何处理？

对违纪后下落不明的党员，应当区别情况作出处理：对有严重违纪行为，应当给予开除党籍处分的，党组织应当作出决定，开除其党籍；除前项规定的情况外，下落不明时间超过 6 个月的，党组织应当按照党章规定对其予以除名。

22. 预备党员违犯党纪应当如何处理？

预备党员违犯党纪，情节较轻，可以保留预备党员资格的，党组织应当对其批评教育或者延长预备期；情节较重的，应当取消其预备党员资格。

23. 中共中央纪律检查委员会如何选举产生？

中共中央纪律检查委员会（简称中央纪委或中纪委）由党的全国代表大会选举产生，每届任期和党的中央委员会任期相同。党的中央纪律检查委员会全体会议，选举常务委员会和书记、副书记，并报党的中央委员会批准。

24. 中共中央纪律检查委员会委员的职责是什么？

中共中央纪律检查委员会委员应当认真履行以下职责：

（1）参加中央纪委全体会议，积极发表意见、提出建议。

（2）在纪律检查机关担负具体工作的委员，应当模范履行岗位职责，高质量完成所承担的纪律检查工作。

（3）未在纪律检查机关担负具体工作的委员，应当支持和帮助本地区、本部门、本单位纪律检查机关开展工作；了解所在地区、部门、单位党组织和党员领导干部遵守党章党规党纪、贯彻落实党中央决策部署等情况，提出意见建议，重要问题及时向中央纪委常委会反映。

（4）对中央纪委的工作，以及中央纪委常委、其他中央纪委委员进行监督。

（5）承担中央纪委安排的其他任务。

25. 什么是党的地方各级纪律检查委员会？

党的地方各级纪律检查委员会由同级党的代表大会选举产生，每届任期和同级党的委员会任期相同。党的地方各级纪律检查委员会全体会议，选举常务委员会和书记、副书记，并由同级党的委员会通过，报上级党的委员会批准。上级党的委员会可以根据工作需要，在下级党的代表大会闭会期间，调动、任免下级纪律检查委员会书记、副书记。

26. 党的地方各级纪律检查委员会的职权有哪些？

党的地方各级纪律检查委员会通过召开全体会议的方式行使以下职权：

（1）制定贯彻落实党中央决策部署以及中央纪委工作部署，同级党的代表大会和党委决议决定、上级纪委工作要求的重大措施。

（2）听取和审议常务委员会工作报告。

（3）选举常务委员会和书记、副书记。

（4）讨论和决定管辖范围内纪检监察工作的重大问题、重大事项。

（5）按照权限审议规范性文件。

（6）决定或者追认给予本级纪委委员撤销党内职务以上处分。

（7）研究决定常务委员会提请决定的事项，或者应当由全体会议决定的其他重要事项。

27. 党的各级纪律检查委员会的监督方式有哪些？

（1）纪委派驻纪检组监督。纪委派驻纪检组对派出机关负责，加强对被监督单位领导班子及其成员、其他领导干部的监督，发现问题应当及时向派出机关和被监督单位党组织报告，认真负责调查处置，对需要问责的提出建议。

（2）信访举报监督。认真处理信访举报，做好问题线索分类处置，早发现早报告，对社会反映突出、群众评价较差的领导干部情况及时报告，对重要检举事项应当进行集体研究。定期分析研判信访举报情况，对信访反映的典型性、普遍性问题提出有针对性的处置意见，督促信访举报比较集中的地方和部门查找分析原因并认真整改。

（3）干部选拔任用监督。严把干部选拔任用“党风廉洁意见回复”关，综合日常工作中掌握的情况，加强分析研判，实事求是评价干部廉洁情况，防止“带病提拔”“带病上岗”。

（4）谈话提醒、约谈函询。接到对干部一般性违纪问题的反映，应当及时找本人核实，谈话提醒、约谈函询，让干部把问题讲清楚。约谈被反映人，可以与其所在党组织主要负责人一同进行；被反映人对函询问题的说明，应当由其所在党组织主要负责人签字后报上级纪委。谈话记录和函询回复应当认真核实，存档备查。没有发现问题的应当了结澄清，对不如实说明情况的给予严肃处理。

（5）执纪审查。依规依纪进行执纪审查，重点审查党的十八大以来不收敛不收手，问题线索反映集中、群众反映强烈，现在重要岗位且可能还要提拔使用的领导干部，3 类情况同时具备的是重中之重。

（6）加强对纪律检查机关的监督。发现纪律检查机关及其工作人员有违反纪律问题的，必须严肃处理。

28. 党的各级纪律检查委员会党内监督的任务是什么？

党的各级纪律检查委员会是党内监督的专责机关，履行监督执纪问责职责，加强对所辖范围内党组织和领导干部遵守党章党规党纪、贯彻执行党的路线方针政策情况的监督检查，承担下列具体任务：

（1）加强对同级党委特别是常委会委员、党的工作部门和直接领导的党组织、党的领导干部履行职责、行使权力情况的监督。

（2）落实纪律检查工作双重领导体制，执纪审查工作以上级纪委领导为主，线索处置和执纪审查情况在向同级党委报告的同时向上级纪委报告，各级纪委书记、副书记的提名和考察以上级纪委会同组织部门为主。

（3）强化上级纪委对下级纪委的领导，纪委发现同级党委主要领导干部的问题，可以直接向上级纪委报告；下级纪委至少每半年向上级纪委报告 1 次工作，每年向上级纪委进行述职。

29. 党的各级纪律检查委员会应如何运用监督执纪“四种形态”？

（1）党员干部有作风纪律方面的苗头性、倾向性问题或者轻微违纪问题，或者有一般违纪问题但具备免予处分情形的，运用监督执纪第一种形态，按照规定进行谈话提醒、批评教育、责令检查等，或者予以诫勉。

（2）党员干部有一般违纪问题，或者违纪问题严重但具有主动交代等从轻减轻处分情形的，运用监督执纪第二种形态，按照规定给予警告、严重警告处分，或者建议单处、并处停职检查、调整职务、责令辞职、免职等处理。

（3）党员干部有严重违纪问题，或者严重违纪并构成严重职务违法的，运用监督执纪第三种形态，按照规定给予撤销党内职务、留党察看、开除党籍处分，同时建议给予降职或者依法给予撤职、开除公职、调整其享受的待遇等处理。

（4）党员干部严重违纪、涉嫌犯罪的，运用监督执纪第四种形态，按照规定给予开除党籍处分，同时依法给予开除公职、调整或者取消其享受的待遇等处理，再移送司法机关依法追究刑事责任。

第六章

党的制度建设

1. 什么是党的制度？

党的制度，是依据党的政治原则、组织原则和党的纪律，对党组织和党员提出的具体规范和要求，是长期以来党的领导工作和党内生活中经验教训的理性总结和科学概括，是党组织和党员必须共同遵守的行为准则和规范，是党内所有法规、条例和规则的总称。

2. 什么是民主集中制？

民主集中制是民主基础上的集中和集中指导下的民主相结合的制度，其内涵十分丰富。从党的组织原则的范畴来说，民主集中制中的民主和集中是相辅相成、辩证统一的。民主和集中的辩证关系具体表现在：一方面，集中是以民主为基础的集中。党内的集中统一是建立在党内民主基础上的，民主是民主集中制的核心，是基础和前提。只有在充分发扬民主的基础上，才能做到统一认识，统一行动，真正实现集中。另一方面，民主是集中指导下的民主。民主集中制的集中，是全党意志、智慧的凝聚和行动的一致。民主只有在集中指导下，才有正确的方向。只有实行正确的集中，才能保证全党行动的一致，保证党的决定得到迅速有效的贯彻执行。

党的二十大对坚持民主集中制提出了新要求：坚持科学执政、民主执政、依法执政，贯彻民主集中制，创新和改进领导方式，提高党把方向、谋大局、定政策、促改革能力，调动各方面积极性。必须实行正确的集中，牢固树立政治意识、大局意识、核心意识、看齐意识，坚定维护以习近平同志为核心的党中央权威和集中统一领导，保证全党的团结统一和行动一致，保证党的决定得到迅速有效的贯彻执行。加强和规范党内政治生活，增强党内政治生活的政治性、时代性、原则性、战斗性，发展积极健康的党内政治文化，营造风清气正的良好政治生态。党在自己的政治生活中正确地开展批评和自我批评，在原则问题上进行思想斗争，坚持真理，修正错误，努力造成又有集中又有民主，又有纪律又有自由，又有统一意志又有个人心情舒畅生动活泼的政治局面。

3. 什么是党的选举制度？

党的选举制度是由党章和有关文件规定的选举产生党的各级代表大会代表和党的各级领导机关的制度。它包括党内进行选举时必须遵循的原则、程序、方法和有关规定。党内选举要充分体现选举人的意志。选举采用无记名投票的方式。候选人名单要由党组织和选举人充分酝酿讨论，按照多数选举人的意见确定，而不能由少数人决定。可以直接采用候选人数多于应选人数的差额选举办法进行正式选举。也可以先采用差额选举办法进行预选，产生候选人名单，然后进行正式选举。选举人有了解候选人情况、要求改变候选人、不选任何一个候选人和另选他人的权利。任何组织和个人不得以任何方式强迫选举人选举或不选举某个人。党的地方各级代表大会和基层代表大会的选举，如果发生违反党章的情况，上一级党的委员会在调查核实后，应作出选举无效和采取相应措施的决定，并报再上一级党的委员会审查批准，正式宣布执行。这些规定，对于贯彻党的民主集中制，保障党员的民主权利，加强各级领导班子建设，提高党的战斗力，具有十分重要的意义。

4. 什么是党的代表大会代表任期制？

党代表任期制是指各级党代表大会的代表，在同级当届党代表大会期间，可以代表身份从事其职责权限范围内的活动。党代表每届任期与同级党代表大会当届届期相同。中国共产党从 1988 年开始在部分县（市、区）进行党代表大会常任制试点，同时开始党代表常任制试点。党的十七大决定，实行党代表任期制，并在党的十七大通过的党章中作出了相应规定。

5. 什么是党代会代表提案制？

党代会代表提案制是指党代会代表可以以书面形式提出属于党代会职权范围内的意见和建议。“党代会代表提案制”是党的十八大报告首次正式作出该项涉及党内民主机制的重要决定。这是继党的十七大首次提出实行党代会代表任期制后，党的代表大会制度的又一项重大完善措施。今后党代会代表对党的大政方针等都可以以制度化的方式提出意见、建议。这标志着党内民主又迈出了坚实的一步、具有划时代意义的一步。

6. 什么是常委会向全委会报告工作制度?

党章规定，党的地方各级委员会的常务委员会，在委员会全体会议闭会期间，行使委员会职权。党的地方各级委员会的常务委员会定期向委员会全体会议报告工作，接受监督。属于本地区特别重大的问题，如领导班子换届人事安排方案、经济和社会发展战略、计划等，需向全委会报告，并经全委会讨论通过。

7. 什么是地方党委票决制?

地方党委票决制是指地方党委讨论决定重大问题和任用重要干部的投票表决制度，是实行集体领导的方式之一。党的十六大以后，一些地方党组织在发展党内民主的实践中，逐步完善党委内部的议事和决策机制，在讨论决定重大问题和任用重要干部时，党的委员会实行无记名投票表决。这一制度有利于党委委员表达自己的真实意愿，有利于防止个人或少数人专断，有利于民主集中制的贯彻落实。因此，党的十七大要求在全党推行地方党委讨论决定重大问题和任用重要干部票决制。会后，在全国各地普遍实行了党委会在讨论决定重大问题和任用重要干部的票决制。

8. 如何理解集体领导与个人分工负责相结合的制度？

党章规定："党的各级委员会实行集体领导和个人分工负责相结合的制度。"这一制度的基本要求有两个方面：一是凡属重大的问题，如涉及党的路线方针政策的大事、重大任务的部署、重要干部的任免、群众关注的重要问题以及上级党组织要求必须由党委集体讨论决定的问题，都要按照集体领导、民主集中、个别酝酿、会议决定的原则，由党的委员会集体讨论，作出决定；二是在党的各级委员会内部，要明确地规定各个领导成员所负的具体责任，做到事事有人管、人人有专责。每个领导成员要根据党委的集体决定和分工，切实履行自己的职责。所以，集体领导和个人分工负责，二者是相联系、相统一的，二者不可分割，不可偏废。

9. 什么是民主生活会制度？

《县以上党和国家机关党员领导干部民主生活会若干规定》要求，县以上党和国家机关党员领导干部民主生活会每年召开 1 次，一般安排在第 4 季度。因特殊情况需要提前或者延期召开的，应当报上级党组织同意。民主生活会到会人数必须达到应到会人数的三分之二以上。民主生活会应当围绕主题，就以下基本内容进行对照检查，开展批评和自我批评。

（1）遵守党章，坚定理想信念，贯彻党的理论路线方针政策和决议，执行党的政治纪律和政治规矩，维护党中央权威的情况。

（2）加强领导班子自身建设，实行民主集中制，维护领导班子团结，严格党的组织生活制度，坚持正确用人导向，开展批评和自我批评的情况。

（3）正确行使权力，履职尽责、积极作为，坚持科学决策、民主决策、依法决策，反对特权、秉公用权的情况。

（4）带头践行社会主义核心价值观，艰苦奋斗，清正廉洁，遵纪守法，注重家庭、家教、家风，教育管理好亲属和身边工作人员的情况。

（5）执行党的群众路线，站稳人民立场，改进领导作风，深入调查研究，密切联系群众的情况。

（6）履行全面从严治党主体责任和监督责任，加强党风廉政建设和反腐败工作的情况。

受到诫勉谈话的，应当说明整改情况。

10. 党员领导干部为什么要参加双重组织生活会？

双重组织生活会是指由党支部委员会或党小组召开的组织生活会和党委（常委）、党组召开的民主生活会。党员领导干部参加双重组织生活会，也就是既要参加所在党支部、党小组的组织生活会，又要参加定期召开的党员领导干部的民主生活会，这无论是对领导干部自身加强党性修养、增进思想交流、密切上下级关系，还是对于加强党员群众对党员领导干部的民主监督，增强党组织的活力，都具有十分重要的意义。

党员领导干部，无论职位多高，在党的生活中都必须以普通党员的身份出现，自觉地接受党组织和党内外群众的监督。党内不允许有任何不参加党的组织生活、不接受党组织和党内外群众监督的特殊党员。每一个党员领导干部，不但要编入党的一个支部和小组，而且要坚持参加党支部和党小组的生活会。如确因某些特殊原因，不能参加党支部或党小组的组织生活会，应向所在党支部或党小组请假。

11. 什么是“三会一课”制度？

“三会一课”是指党员按期参加党员大会、党小组会和上党课，党支部定期召开党支部委员会会议。“三会一课”制度是健全党的组织生活、严格党员管理、加强党员教育的重要制度。“三会一课”应当突出政治学习和教育，突出党性锻炼，以“两学一做”为主要内容，结合党员思想和工作实际，确定主题和具体方式，做到形式多样、氛围庄重。

12. 什么是党政领导干部任职前公示制度？

党政领导干部任职前公示制度是指提拔担任厅局级以下领导职务的，除特殊岗位和在换届考察时已进行过公示的人选外，在党委（党组）讨论决定后、下发任职通知前，在一定范围内进行公示的制度。公示期不少于5个工作日。公示内容一般包括：公示对象的姓名、性别、政治面貌、出生年月、籍贯、学历、学位、现任职务等情况和工作简历。党政领导班子及党政工作部门领导成员的选拔任用，应向社会公示；内设机构领导干部的选拔任用，原则上在其所在单位或系统内进行公示，也可根据岗位特点在更大范围内公示；异地交流提拔的干部在原工作所在地或单位公示。需要向社会公示的，一般通过报纸、电视、广播等新闻媒体发布公告；在部门、单位或系统内公示的，可采取发公示通知，或召开会议公布、张榜公告等形式。公示期间群众反映的问题，由组织（人事）部门受理调查核实后，要向署名或当面反映问题的群众反馈调查核实结果，并根据调查核实的情况提出处理意见。公示结果不影响任用的，办理任职手续。

13. 什么是党政领导干部职务任期制？

党政领导干部职务任期制，是指对党政领导干部的任职期限和任期届数进行严格界定的一种制度。这一制度符合权力有限与制约原则，具有规范性、程序性和民主性的特点。实施干部任期制，有利于促进干部队伍交流，从根本上解决领导干部能上能下的问题，并有利于加强监督和避免干部官僚化和蜕变，这对于建立富有生机和活力的用人机制，实现干部管理的科学化、民主化、制度化具有重要意义。

14. 什么是党政领导干部任职回避制度？

《党政领导干部选拔任用工作条例》第五十二条对党政领导干部任职回避作出规定：实行党政领导干部任职回避制度。党政领导干部任职回避的亲属关系为：夫妻关系、直系血亲关系、3 代以内旁系血亲以及近姻亲关系。有上列亲属关系的，不得在同一机关担任双方直接隶属于同一领导人员的职务或者有直接上下级领导关系的职务，也不得在其中一方担任领导职务的机关从事组织（人事）、纪检监察、审计、财务工作。

领导干部不得在本人成长地担任县（市）党委和政府以及纪委监委、组织部门、法院、检察院、公安部门主要领导成员，一般不得在本人成长地担任市（地、盟）党委和政府以及纪委监委、组织部门、法院、检察院、公安部门主要领导成员。

15. 什么是党政领导干部选拔任用工作回避制度？

党委（党组）及其组织（人事）部门讨论干部任免，涉及与会人员本人及其亲属的，本人必须回避。干部考察组成员在干部考察工作中涉及其亲属的，本人必须回避。

16. 什么是党政领导干部交流制度？

《党政领导干部选拔任用工作条例》对党政领导干部交流作出以下规定：

（1）交流的对象主要是因工作需要交流的；需要通过交流锻炼提高领导能力的；在一个地方或者部门工作时间较长的；按照规定需要回避的；因其他原因需要交流的。交流的重点是县级以上地方党委和政府的领导成员，纪委监委、法院、检察院、党委和政府部分工作部门的主要领导成员。

（2）地方党委和政府领导成员原则上应当任满一届，在同一职位上任职满十年的，必须交流；在同一职位连续任职达到两个任期的，不再推荐、提名或者任命担任同一职务。同一地方（部门）的党政正职一般不同时易地交流。

（3）党政机关内设机构处级以上领导干部在同一职位上任职时间较长的，应当进行交流。

（4）经历单一或者缺少基层工作经历的年轻干部，应当有计划地派到基层、艰苦边远地区和复杂环境工作，坚决防止“镀金”思想和短期行为。

（5）加强工作统筹，加大干部交流力度。推进地方与部门之间、地区之间、部门之间、党政机关与国有企事业单位以及其他社会组织之间的干部交流，推动形成国有企事业单位、社会组织干部人才及时进入党政机关的良性工作机制。

（6）干部交流由党委（党组）及其组织（人事）部门按照干部管理权限组织实施，严格把握人选的资格条件。干部个人不得自行联系交流事宜，领导干部不得指定交流人选。同一干部不宜频繁交流。

（7）交流的干部接到任职通知后，应当在党委（党组）或者组织（人事）部门限定的时间内到任。跨地区跨部门交流的，应当同时转移行政关系、工资关系和党的组织关系。

17. 什么是党内重要情况报告制度？

党内重要情况报告制度是党内监督的重要措施之一。具体是指党组织对于本地区、本系统、本单位的事关全局和社会稳定的重要情况以及重大问题，应当按照规定时限和程序，向上级党组织报告或请示。同时，地方各级党委应当在职权范围内发挥总揽全局、协调各方的作用，支持政府和有关方面独立负责地处理好有关问题。对隐瞒不报、不如实报告、干扰和阻挠如实报告或不按时报告、请示的，追究有关部门负责人的责任。对下级请示不及时答复、批复或对下级报告中反映的问题在职责范围内不及时处置，造成严重后果的，追究有关部门责任人的责任。各级党员领导干部应当向党组织如实报告个人重大事项，自觉接受监督。

18. 什么是请示报告制度？

请示报告制度是我们党的一项重要政治纪律、组织纪律、工作纪律，是执行民主集中制的有效工作机制。作为党的优良传统，请示报告制度很早就写入党章，得到有力执行，在革命、建设、改革各个时期发挥了重要作用。

《中国共产党重大事项请示报告条例》规定：重大事项，是指超出党组织和党员、领导干部自身职权范围，或者虽在自身职权范围内但关乎全局、影响广泛的重要事情和重要情况，包括党组织贯彻执行党中央决策部署和上级党组织决定、领导经济社会发展事务、落实全面从严治党责任，党员履行义务、行使权利，领导干部行使权力、担负责任的重要事情和重要情况。请示，是指下级党组织向上级党组织，党员、领导干部向党组织就重大事项请求指示或者批准。报告，是指下级党组织向上级党组织，党员、领导干部向党组织呈报重要事情和重要情况。

19. 领导干部应当向党组织请示报告的事项有哪些？

《中国共产党重大事项请示报告条例》第三十七条规定，领导干部应当向党组织请示下列事项：

（1）超出自身职权范围，应当由所在党组织或者上级党组织作出决定的重大事项。

（2）属于自身职权范围但事关重大的问题和情况。

（3）代表党组织对外发表重要意见。

（4）因故无法履职或者离开工作所在地。

（5）其他应当向党组织请示的事项。

《中国共产党重大事项请示报告条例》第三十八条规定，领导干部应当向党组织报告下列事项：

（1）学习贯彻习近平新时代中国特色社会主义思想，贯彻落实党中央决策部署和党组织决定中的重要情况和问题。

（2）遵守政治纪律和政治规矩，坚决维护习近平总书记党中央的核心、全党的核心地位，坚决维护党中央权威和集中统一领导情况。

（3）坚持民主集中制，发扬党内民主，正确行使权力，参与集体领导情况。

（4）参加领导班子民主生活会和所在党支部（党小组）组织生活会情况。

（5）履行管党治党责任，加强党风廉政建设和反腐败工作以及遵守廉洁纪律情况。

（6）重大决策失误或者应对突发事件处置失当，纪检监察、巡视巡察和审计中发现重要问题，以及违纪违法情况。

（7）可能影响正常履职的重大疾病等情况。

（8）其他应当向党组织报告的事项。

20. 什么是干部监督工作联席会议制度？

干部监督工作联席会议制度是指组织（人事）部门与纪检（监察）部门等有关单位的联席会议制度。中央层面的联席会议成员单位由中央纪委（国家监委）、中央组织部、人事部、审计署、国家信访局等部门组成，各单位的有关领导同志为联席会议成员。组成人员如有变动，应及时调整补充。联席会议制度的主要职能是围绕加强对党政领导干部选拔任用工作的监督，沟通信息，交流情况，研究问题，提出意见和建议。

21. 什么是党内监督中的谈话和诫勉制度？

《中国共产党党内监督条例》对谈话和诫勉作出规定：坚持党内谈话制度，认真开展提醒谈话、诫勉谈话。发现领导干部有思想、作风、纪律等方面苗头性、倾向性问题的，有关党组织负责人应当及时对其提醒谈话；发现轻微违纪问题的，上级党组织负责人应当对其诫勉谈话，并由本人作出说明或者检讨，经所在党组织主要负责人签字后报上级纪委和组织部门。

22. 什么是领导干部个人有关事项报告制度?

《领导干部报告个人有关事项规定》针对领导干部廉洁自律方面出现的新情况新问题，进一步规范了领导干部报告个人有关事项的制度。

（1）领导干部应当报告下列本人婚姻和配偶、子女移居国（境）外、从业等事项：①本人的婚姻情况；②本人持有普通护照以及因私出国的情况；③本人持有往来港澳通行证、因私持有大陆居民往来台湾通行证以及因私往来港澳、台湾的情况；④子女与外国人、无国籍人通婚的情况；⑤子女与港澳以及台湾居民通婚的情况；⑥配偶、子女移居国（境）外的情况，或者虽未移居国（境）外，但连续在国（境）外工作、生活一年以上的情况；⑦配偶、子女及其配偶的从业情况，含受聘担任私营企业的高级职务，在外商独资企业、中外合资企业、境外非政府组织在境内设立的代表机构中担任由外方委派、聘任的高级职务，以及在国（境）外的从业情况和职务情况；⑧配偶、子女及其配偶被司法机关追究刑事责任的情况。本规定所称“子女”，包括领导干部的婚生子女、非婚生子女、养子女和有抚养关系的继子女。本规定所称“移居国（境）外”，是指取得外国国籍或者获取国（境）外永久居留资格、长期居留许可。

（2）领导干部应当报告下列收入、房产、投资等事项：①本人的工资及各类奖金、津贴、补贴等；②本人从事讲学、写作、咨询、审稿、书画等劳务所得；③本人、配偶、共同生活的子女为所有权人或者共有人的房产情况，含有单独产权证书的车库、车位、储藏间等（已登记的房产，面积以不动产权证、房屋所有权证记载的为准；未登记的房产，面积以经备案的房屋买卖合同记载的为准）；④本人、配偶、共同生活的子女投资或者以其他方式持有股票、基金、投资型保险等的情况；⑤配偶、子女及其配偶经商办企业的情况，包括投资非上市股份有限公司、有限责任公司，注册个体工商户、个人独资企业、合伙企业等，以及在国（境）外注册公司或者投资入股等的情况；⑥本人、配偶、共同生活的子女在国（境）外的存款和投资情况。本规定所称“共同生活的子女”，是指领导干部不满 18 周岁的未成年子女和由其抚养的不能独立生活的成年子女。

（3）领导干部有下列情形之一的，根据情节轻重，给予批评教育、组织调整或者组织处理、纪律处分：①无正当理由不按时报告的；②漏报、少报的；③隐瞒不报的；④查核发现有其他违规违纪问题的。

23. 什么是领导干部离任审计制度?

任期离任审计是对领导干部因任职期满、退休、调任、免职、辞职等原因不再担任本职务，对其履行经济责任情况所进行的审查和客观评价。主要是对离任者在任职期间的资产保值、增值及负债情况，经营成果的真实性，法律、法规、内控制度的执行情况等方面进行的监督评价活动。

审计的内容包括：有无因重大决策使集体财产造成严重损失；有无以权谋私、贪污、挪用公款、行贿、受贿等违法违纪的行为；有无违反中央、省、市关于廉政建设的有关规定；有无违反财政、财务收支规定和违反法律法规的其他行为。

24. 什么是信访处理制度?

信访处理制度是各级党组织通过信访处理，对下级党组织和领导干部实施监督，及时研究来信来访中提出的重要问题，并采取措施加以解决的制度。对重要信访事项的办理，应当督促检查，妥善处理。凡向党组织检举党员或下级党组织严重违纪违法问题的，以及党员控告侵害自己合法权益行为的，党组织应当按照有关规定及时调查处理。党员署真实姓名检举的，应当视情况将处理结果告知该党员，并听取该党员的意见。

25. 什么是重大决策征求意见制度？

重大决策征求意见制度是实行决策民主化科学化的重要制度。《中共中央关于加强党的执政能力建设的决定》指出，对涉及经济社会发展全局的重大事项，要广泛征询意见，充分进行协商和协调；对专业性、技术性较强的重大事项，要认真进行专家论证、技术咨询、决策评估；对同群众利益密切相关的重大事项，要实行公示、听证等制度，扩大人民群众的参与度。有组织地广泛联系专家学者，建立多种形式的决策咨询机制和信息支持系统。

26. 什么是党内巡视制度？

党内巡视制度，是中国共产党党内监督的一项制度，是指中央和省、自治区、直辖市党委，通过建立专门巡视机构，按照有关规定对下级党组织领导班子及其成员进行监督，并直接向派出的党组织负责的一种党内监督制度，是党的建设新的伟大工程的重要内容，是加强党内监督的战略性制度安排。

27. 什么是党务公开制度？

党务公开是指党的组织将其实施党的领导活动、加强党的建设工作的有关事务，按规定在党内或者向党外公开。党务公开制度适用于党的中央组织、地方组织、基层组织，党的纪律检查机关、工作机关以及其他党的组织。

党的组织贯彻落实党的基本理论、基本路线、基本方略情况，领导经济社会发展情况，落实全面从严治党责任、加强党的建设情况，以及党的组织职能、机构等情况，除涉及党和国家秘密不得公开或者依照有关规定不宜公开的事项外，一般应当公开。

28. 什么是党员教育管理制度？

党员教育管理是党的建设基础性经常性工作。党组织应当加强党员教育管理，引导党员坚定共产主义远大理想和中国特色社会主义共同理想，增强“四个意识”、坚定“四个自信”、做到“两个维护”，增强党性，提高素质，认真履行义务，正确行使权利，充分发挥先锋模范作用。

（1）党员教育管理工作以马克思列宁主义、毛泽东思想、邓小平理论、“三个代表”重要思想、科学发展观、习近平新时代中国特色社会主义思想为指导，落实新时代党的建设总要求和新时代党的组织路线，坚持教育、管理、监督、服务相结合，推进“两学一做”学习教育常态化制度化，不断增强党员教育管理针对性和有效性，努力建设政治合格、执行纪律合格、品德合格、发挥作用合格的党员队伍。

（2）党员教育管理工作遵循以下原则：坚持党要管党、全面从严治党，将严的要求落实到党员教育管理工作全过程和各方面，党员领导干部带头接受教育管理；坚持以党的政治建设为统领，突出党性教育和政治理论教育，引导党员遵守党章党规党纪，不忘初心、牢记使命；坚持围绕中心、服务大局，注重党员教育管理质量和实效，保证党的理论和路线方针政策、党中央决策部署贯彻落实；坚持从实际出发，加强分类指导，尊重党员主体地位，充分发挥党支部直接教育、管理、监督党员的作用。

29. 什么是领导干部教育培训制度？

领导干部教育培训制度，是为了推进干部教育培训工作科学化、制度化、规范化，培养造就政治过硬、适应新时代要求、具备领导社会主义现代化建设能力的高素质干部队伍制定的一系列制度。干部教育培训是建设高素质干部队伍的先导性、基础性、战略性工程，在推进中国特色社会主义伟大事业和党的建设新的伟大工程中具有不可替代的重要地位和作用。

30. 什么是流动党员活动证制度？

短期外出和长期外出暂时无法转移组织关系的党员，必须持《流动党员活动证》。《流动党员活动证》是流动党员参加党的活动的凭证。党员可持证在外出所在地或单位的党组织（基层党委、党总支或党支部）参加党的组织生活，交纳党费，但不享有表决权、选举权和被选举权。《流动党员活动证》由党支部负责登记、填写、发放。流出地（单位）党支部负责填写党员的基本信息。流入地（单位）党支部栏、流入时间栏、党支部联系人及联系方式栏，一般由流入地（单位）党支部接收流动党员时查验填写。党员参加党的活动和交纳党费情况栏，一般由流入地（单位）党支部在持证党员离开时查验、填写。主要填写该党员在流入地的表现和参加党的组织生活、交纳党费等情况。

31. 什么是民主评议党员制度？

民主评议党员制度是党支部的一项基本制度，是党支部按照有关规定，定期组织党员开展民主评议的一种制度。民主评议党员的目的是通过民主评议党员，促进党员增强党性，全面提高党员队伍的整体素质，通过表彰优秀党员，清除腐败分子，妥善处置不合格党员，从而保持党组织的先进性和纯洁性；通过民主评议党员，还可以增强党的凝聚力和战斗力。民主评议党员的依据是组织党员对照合格党员标准、对照入党誓词，联系个人实际进行党性分析。党支部一般每年开展 1 次民主评议党员。

32. 什么是党内监督制度？

党内监督是党和国家监督体系的重要组成部分，加强党内监督是全面从严治党的必然要求和重要手段。加强党内监督，是我们党从所处的历史方位、所面临的内外形势、所肩负的使命任务出发，着眼坚持党的领导、加强党的建设、全面从严治党，保持党的先进性和纯洁性提出的一项重大任务。

党内监督的重点对象是党的领导机关和领导干部特别是主要领导干部。党内监督的主要内容是遵守党章党规，坚定理想信念，践行党的宗旨，模范遵守宪法法律情况；维护党中央集中统一领导，牢固树立政治意识、大局意识、核心意识、看齐意识，贯彻落实党的理论和路线方针政策，确保全党令行禁止情况；坚持民主集中制，严肃党内政治生活，贯彻党员个人服从党的组织，少数服从多数，下级组织服从上级组织，全党各个组织和全体党员服从党的全国代表大会和中央委员会原则情况；落实全面从严治党责任，严明党的纪律特别是政治纪律和政治规矩，推进党风廉政建设和反腐败工作情况；落实中央八项规定精神，加强作风建设，密切联系群众，巩固党的执政基础情况；坚持党的干部标准，树立正确选人用人导向，执行干部选拔任用工作规定情况；廉洁自律、秉公用权情况；完成党中央和上级党组织部署的任务情况。

第七章

反腐败斗争

1. 为什么说反腐败是最彻底的自我革命?

习近平总书记在党的二十大报告中指出:“反腐败是最彻底的自我革命。”所谓“最彻底”,就是最根本。自我革命解决的最根本性问题,是建设什么样的长期执政的马克思主义政党、怎样建设长期执政的马克思主义政党的重要时代课题。中国共产党作为世界上最大的马克思主义执政党,要始终赢得人民拥护、巩固长期执政地位,就必须把深化对管党治党规律、反腐败斗争规律的认识摆在更加突出的位置。习近平总书记告诫全党:“人民群众最痛恨腐败现象,腐败是我们党面临的最大威胁”;“腐败是危害党的生命力和战斗力的最大毒瘤”;“腐败问题越演越烈,最终必然会亡党亡国”。“最痛恨”“最大威胁”“最大毒瘤”等一系列关键词,凸显出反腐败斗争在深入推进党的建设新的伟大工程中的极端重要性。反腐败斗争关乎民心这个最大的政治，是一场输不起也决不能输的重大政治斗争。只有勇于进行自我革命，高度重视腐败的顽固性和危害性，聚焦重点领域和关键环节，保持零容忍的警醒、零容忍的力度，大力推进各领域反腐败斗争，才能从根本上破除阻碍党跳出治乱兴衰历史周期率的腐败藩篱，才能不断清除一切损害党的先进性和纯洁性的有害因素，才能不断清除一切侵蚀党的健康肌体的病原体。这也是为什么中国共产党要坚持不懈地进行最彻底的自我革命的根本原因所在。

2.“三不腐”一体推进的方针方略是什么？

党的十八大以来，党中央深刻洞察反腐败斗争“时”与“势”的变化，坚持以系统施治、标本兼治管党治党，从治标入手，把治本寓于治标之中，构建起不敢腐、不能腐、不想腐一体化推进的体制机制。一体推进不敢腐、不能腐、不想腐，既是反腐败斗争的基本方针和新时代全面从严治党的重要方略，也是新时代管党治党理论和实践的重大创新。

3.如何打赢反腐败斗争攻坚战、持久战？

党的自我革命永远在路上，反腐败斗争未有穷期。党的二十大报告明确指出：“只要存在腐败问题产生的土壤和条件，反腐败斗争就一刻不能停，必须永远吹冲锋号。”新征程上，我们要把思想和行动统一到党的二十大决策部署上来，主动应对反腐败斗争新形势新挑战，更加有力遏制增量，更加有效清除存量，持续巩固来之不易的压倒性胜利，提高一体推进不敢腐、不能腐、不想腐能力和水平，以党永不变质确保红色江山永不变色。

4. 党跳出治乱兴衰历史周期率的第二个答案是什么？

1945年，在延安窑洞里，毛泽东在回答黄炎培提出的如何跳出历代王朝“其兴也勃焉，其亡也忽焉”的兴衰“历史周期率”时，给出了第一个答案：“人民监督。”2022年，习近平总书记在党的二十大报告中深刻总结我们党百余年“自我革命”的成功实践，郑重提出：“经过不懈努力，党找到了自我革命这一跳出治乱兴衰历史周期率的第二个答案。”这为解决“如何建设政党”“怎样长期执政”的时代课题指明了方向，是确保党永远不变质、不变色、不变味的法宝。

5. 什么是中国特色反腐败之路？

党的十七大首次提出：我们党在团结带领全国人民建

设中国特色社会主义事业的伟大进程中，坚定不移地开展党风廉政建设和反腐败斗争，走出了一条中国特色反腐倡廉道路。这条道路是中国特色社会主义道路的重要组成部分，是我们党把马克思主义反腐败理论与中国反腐败斗争实际相结合的一大创举，是发展中国特色社会主义的重要保证需要。

党的十八大报告指出，要坚持中国特色反腐倡廉道路，坚持标本兼治、综合治理、惩防并举、注重预防方针，全面推进惩治和预防腐败体系建设，做到干部清正、政府清廉、政治清明。党的十九大将"深入推进反腐败斗争"纳入新时代党的建设的总要求之中。党的二十大报告指出："坚持不敢腐、不能腐、不想腐一体推进，同时发力、同向发力、综合发力。以零容忍态度反腐惩恶，更加有力遏制增量，更加有效清除存量，坚决查处政治问题和经济问题交织的腐败，坚决防止领导干部成为利益集团和权势团体的代言人、代理人，坚决治理政商勾连破坏政治生态和经济发展环境问题，决不姑息。"

6. 新时代党在构建全面从严治党体系上积累了哪些成果？

2023 年 1 月 9 日，习近平总书记在二十届中央纪委二次全会上指出："构建全面从严治党体系是一项具有全局性、开创性的工作。新时代10年，我们党不断深化对自我革命规律的认识，不断推进党的建设理论创新、实践创新、制度创新，在构建全面从严治党体系上积累了丰富成果。"

（1）把党的政治建设作为党的根本性建设，始终摆在首位，旗帜鲜明坚持和加强党的领导，严肃党内政治生活，净化修复政治生态，推动全党增强"四个意识"、坚定"四个自信"、做到"两个维护"，紧密团结在党中央周围，实现党的团结统一。

（2）把思想建设作为党的基础性建设，用习近平新时代中国特色社会主义思想凝心铸魂，弘扬伟大建党精神，持续开展党内集中教育，使党员、干部补足精神之钙，坚守共产党人精神家园。

（3）提出和坚持新时代党的组织路线，以组织体系建设为重点，增强党组织政治功能和组织功能，整顿软弱涣散党组织，推动各级党组织全面进步、全面过硬，坚持党管干部原则，坚持新时代好干部标准，着力培养忠诚干净担当的高素质干部队伍。

（4）以制定和落实中央八项规定开局破题，以钉钉子精神纠治"四风"，坚决反对特权思想和特权现象，踏石留印、抓铁有痕，刹住了一些长期没有刹住的歪风，纠治了一些多年未除的顽瘴痼疾，以作风建设新气象赢得人民群众信任拥护。

（5）把纪律建设纳入党的建设总体布局，坚持纪严于法、纪在法前，严明党的政治纪律和政治规矩，带动组织纪律、廉洁纪律、群众纪律、工作纪律、生活纪律全面从严，以严明纪律规范党员、干部履职用权，抓早抓小、防微杜渐，精准运用监督执纪“四种形态”，让党员、干部切身感受到党的严管和厚爱。

（6）把制度建设贯穿党的各项建设，与时俱进完善党章，聚焦加强党的领导和党的建设推进制度创新，形成比较完善的党内法规体系，搭建起党和国家监督体系“四梁八柱”，把权力关进制度的笼子里，为新时代党的建设提供了根本性、全局性、稳定性、长期性保障。

（7）开展史无前例的反腐败斗争，坚持无禁区、全覆盖、零容忍，不敢腐、不能腐、不想腐一体推进，“打虎”“拍蝇”“猎狐”多管齐下，查处一大批腐败分子，消除党内严重政治隐患，反腐败斗争取得压倒性胜利并全面巩固，成功走出一条中国特色反腐败之路。

7. 如何抓好领导干部廉洁自律工作？

抓好领导干部廉洁自律应做好以下工作：

（1）针对领导干部利用职权和职务影响，在商品房买卖置换中以明显低于市场价格购置或以劣换优谋取不正当利益的；以借为名占用他人住房、汽车的；参与赌博或以变相赌博等形式收钱敛财的；借委托他人投资证券或其他委托理财的名义获取不正当利益的；为本人谋取预期的不正当利益或以各种方式为配偶、子女和其他亲友谋取不正当利益的，要坚决清理纠正，并视情节作出组织处理或纪律处分。涉嫌犯罪的，移送司法机关依法处理。

（2）继续严肃查处领导干部违反规定收送现金、有价证券和支付凭证等问题。

（3）加强对领导干部配偶、子女从业情况的监督检查，开展申报登记，坚决纠正存在的问题。

（4）继续对地方各级领导干部换届中执行纪律情况开展监督检查。

（5）配合有关部门做好规范津贴补贴工作，严肃查处严重违反津贴补贴有关规定的案件。

（6）严格控制各种名目的节庆、评比达标活动；改进会风和文风，精简会议和文件，认真执行会议、公务接待和差旅费管理有关规定。

（7）认真执行中央有关厉行节约、反对铺张浪费的规定，完善相关制度，加强监督检查。

8. 党员廉洁自律规范的内容是什么？

根据《中国共产党廉洁自律准则》的规定，党员廉洁自律规范的内容是：

（1）坚持公私分明，先公后私，克己奉公。

（2）坚持崇廉拒腐，清白做人，干净做事。

（3）坚持尚俭戒奢，艰苦朴素，勤俭节约。

（4）坚持吃苦在前，享受在后，甘于奉献。

9. 党员领导干部廉洁自律规范的内容是什么？

根据《中国共产党廉洁自律准则》的规定，党员领导干部廉洁自律规范的内容是：

（1）廉洁从政，自觉保持人民公仆本色。

（2）廉洁用权，自觉维护人民根本利益。

（3）廉洁修身，自觉提升思想道德境界。

（4）廉洁齐家，自觉带头树立良好家风。

10. 什么是家风？

家风是指家庭或家族世代相传的风尚、生活作风，即一个家庭当中的风气。家风是社会风气的重要组成部分，连着党风、政风、社风，彼此相互影响、相互渗透。党的二十大报告强调，弘扬中华传统美德，加强家庭家教家风建设。群众看领导干部，往往要看领导干部亲属和身边工作人员，从这里来判断领导干部是否廉洁奉公，进而从这里来看党风廉政建设的成效。领导干部作为“关键少数”，其家风不仅关系个人之进退、一家之荣辱，而且对整个党风政风社风民风都有着极强的示范效应。这就要求党员领导干部把家风建设作为人生必修课，深刻认识什么是对家人真正的爱，正确处理好公与私、严与爱的关系，从严要求和管好配偶子女，管好身边人，把修身、齐家落到实处，时时、事事、处处带头抓好家风，作家风建设的表率。

11. 为什么说家风问题不仅是道德问题，也是党性问题、纪律问题？

习近平总书记指出：“家庭和睦、家教良好、家风端正，子女才能健康成长，社会才能健康发展”，明确要求“党员、干部特别是领导干部要清白做人、勤俭齐家、干净做事、廉洁从政，管好自己和家人，涵养新时代共产党人的良好家风”，“要管好家人亲属、管好身边人身边事，树立良好家风，过好亲情关，教育家人严守党纪国法，坚决防止和反对‘裙带腐败’、‘衙内腐败’”……这些重要论述深刻阐明了党员领导干部的家风问题不仅是道德问题，也是党性问题、纪律问题。

12. 加强新时代廉洁文化建设的重大意义是什么？

反对腐败、建设廉洁政治，是我们党一贯坚持的鲜明政治立场，是党自我革命必须长期抓好的重大政治任务；一体推进不敢腐、不能腐、不想腐，不仅是反腐败斗争的基本方针，也是新时代全面从严治党的重要方略；“不想”是根本，要靠加强理想信念教育，靠提高党性觉悟，靠涵养廉洁文化，夯实不忘初心、牢记使命的思想根基；要弘扬和践行忠诚老实、公道正派、实事求是、清正廉洁等价值观，以良好政治文化涵养风清气正的政治生态。踏上全面建设社会主义现代化国家新征程，我们党要永葆自我革命精神，增强全面从严治党永远在路上的政治自觉，就必须教育引导党员、干部从思想上正本清源、固本培元，筑牢思想道德防线，增强拒腐防变能力，始终保持共产党人的政治本色。

党的十八大以来，经过坚决斗争，全面从严治党的政治引领和政治保障作用充分发挥，反腐败斗争取得压倒性胜利并全面巩固，党员、干部廉洁自律意识明显增强，全党全社会廉洁价值理念进一步树立。同时要看到，同全面从严治党新任务新要求相比，廉洁文化建设还存在薄弱环节，一些地方和单位党组织不重视，少数党员领导干部廉洁从政思想根基不牢，抵制腐败思想自觉性不强，甚至走上违纪违法道路。全面从严治党，既要靠治标，猛药去疴，重典治乱；也要靠治本，正心修身，涵养文化，守住为政之本。必须站在勇于自我革命、保持党的先进性和纯洁性的高度，持之以恒加强廉洁文化建设。

13. 加强新时代廉洁文化建设的指导思想是什么？

加强新时代廉洁文化建设，要坚持以习近平新时代中国特色社会主义思想为指导，全面贯彻党的二十大精神，深刻领悟“两个确立”的决定性意义，增强“四个意识”、坚定“四个自信”、做到“两个维护”，不忘初心、牢记使命，坚持思想建党和制度治党同向发力，坚持依法治国和以德治国相结合，以理想信念强基固本，以先进文化启智润心，以高尚道德砥砺品格，惩治震慑、制度约束、提高觉悟一体发力，推动廉洁文化建设实起来、强起来，不断实现干部清正、政府清廉、政治清明、社会清朗。

14. 如何引导党员干部强化理论武装，增强政治定力和抵腐定力？

把学习贯彻习近平新时代中国特色社会主义思想作为长期的重大政治任务，在学懂弄通做实上下功夫，引导党员、干部筑牢信仰之基、补足精神之钙、把稳思想之舵，不断提高政治判断力、政治领悟力、政治执行力。将习近平总书记关于党风廉政建设、廉洁文化建设的重要论述，列入党委（党组）理论学习中心组学习计划，纳入党校（行政学院）、干部学院教育培训重要内容。坚持学思用贯通、知信行统一，以理论上的坚定保证行动上的坚定，以思想上的清醒保证用权上的清醒，自觉抵制腐败、杜绝腐败、远离腐败。

15. 如何引导党员干部坚定信仰信念信心，筑牢拒腐防变的思想防线？

让我们党倡导的理想信念、价值理念、优良传统深入党员、干部思想和心灵，转化为廉洁自律的内在动力。坚持集中性教育和经常性教育相结合，巩固拓展党史学习教育成果，统筹推进党史、新中国史、改革开放史、社会主义发展史、中华民族发展史宣传教育，推动理想信念教育常态化制度化，把牢理想信念“总开关”，正确对待党和人民赋予的权力，增强对腐败的免疫能力。把不忘初心、牢记使命作为加强党的建设的永恒课题和全体党员、干部的终身课题常抓不懈，深化对党的性质宗旨的认识，始终牢记江山就是人民、人民就是江山，始终做到心存敬畏、用权为民。深入开展党的光荣传统和优良作风教育，传承对党忠诚、敢于善于斗争、艰苦奋斗等优秀品质，不断增强意志力、坚忍力、自制力。

16. 如何引导党员干部发展积极健康的党内政治文化，引领廉洁文化建设？

教育引导广大党员严格遵守党章，严格执行《关于新形势下党内政治生活的若干准则》，坚持严以修身、严以用权、严以律己，谋事要实、创业要实、做人要实，讲修养、讲道德、讲廉耻，养成共产党人的高风亮节。践行《中国共产党廉洁自律准则》，坚持公私分明、崇廉拒腐、尚俭戒奢、甘于奉献，正确处理公和私、义和利、是和非、正和邪、苦和乐的关系，做到廉洁从政、廉洁用权。严守政治纪律和政治规矩，保持清清爽爽的同志关系、规规矩矩的上下级关系、亲清统一的新型政商关系。自觉抵制庸俗腐朽思想，抵制封建迷信思想，抵制商品交换原则对党内生活的侵蚀，反对拜金主义、享乐主义、唯利是图、损公肥私，把谋求特权和私利看成是极大的耻辱，不断消除腐败滋生的土壤，推动营造风清气正的良好政治生态。

17. 如何引导党员干部淬炼公而忘私、甘于奉献的高尚品格？

围绕党史重大事件、重要活动、重要人物等，讲好党的故事、革命的故事、英雄的故事，加强革命传统教育，从党的百余年奋斗历程中汲取力量，从中国共产党人廉洁为民的事迹中汲取营养，传承和弘扬以伟大建党精神为源头的精神谱系。注重发掘总结党反对腐败、建设廉洁政治的历史和经验，提炼革命文化蕴含的廉洁理念，用好革命博物馆、纪念馆、党史馆等红色资源，开办红色廉洁文化专题展览，在红色教育中传承党的廉洁基因。深入挖掘宣传革命先辈的廉洁事迹和崇高品格，学习和传承廉洁风范，激励党员、干部廉以律己、无私奉献。

18. 如何引导党员干部共同培育为政清廉、秉公用权的文化土壤？

加强实践养成、示范引领，推动党员、干部带头践行社会主义核心价值观，培育和形成廉荣贪耻、向上向善的社会氛围。总结提炼新时代全面从严治党的成功经验，丰富发展廉洁文化的思想内涵和时代价值，使之与党内政治生活、政治文化、社会主义法治文化相融相通，成为党员、干部的思想共识和价值追求。把实践中较成熟、可践行的廉洁要求转化为制度规范，与乡规民约、行业规章、团体章程等相结合，发挥教化、指引和规范作用。

19. 如何引导党员干部涵养克己奉公、清廉自守的精神境界？

结合实施中华优秀传统文化传承发展工程，汲取崇德尚廉、廉为政本、持廉守正等传统廉洁文化精华，增强文化自信和历史自信。挖掘历史文献、文化经典、文物古迹中的廉洁思想，整理古圣先贤、清官廉吏的嘉言懿行，推动中华优秀传统文化创造性转化、创新性发展。组织开展我国反腐败斗争历史研究，把握腐败导致人亡政息的历史规律，运用历史智慧推进党风廉政建设。

20. 如何引导领导干部明大德、守公德、严私德？

持之以恒锤炼政德，把政德教育贯穿党内政治生活、教育培训中，修好对党忠诚的大德、造福人民的公德、严于律己的品德。强化领导干部自我修炼、自我约束、自我改造，时刻自重自省、自警自励，学廉思廉践廉，心有所畏、言有所戒、行有所止。教育引导党员、干部保持高尚的精神追求，培养健康生活情趣，节俭朴素，力戒奢靡，管好生活圈、交往圈，严守规矩、不逾底线。

21. 如何把廉洁要求贯穿日常教育管理监督？

坚持自律和他律相结合，把严的要求体现到干部培养、选拔、管理、使用各环节。坚持和完善党内谈话制度，用好任职谈话、日常谈话、提醒谈话、诫勉谈话等方式，开展批评和自我批评，经常敲响思想警钟，抓早抓小，防微杜渐。对新入职党员、干部及时开展廉洁教育，扣好年轻干部廉洁从政第一粒扣子。强化领导干部述责述廉，将执行廉洁纪律情况作为重要内容，述责述廉报告在一定范围内公开，自觉接受各方面监督。注重察德看德、察廉看廉，既重能力又重品行，既重政绩又重政德，使品德端正的干部得到褒奖和重用、品行低劣的干部受到警醒和惩戒。

22. 如何发挥廉洁教育的基础作用？

（1）强化形势教育，保持坚定清醒。采取形势报告、理论宣讲、政策解读等方式，宣传阐释全面从严治党重大原则、重大任务和历史性成就，增强反腐败斗争必胜的信心决心。党政主要负责同志要带头讲廉政党课，各地区各部门通过举办领导干部党风廉政建设研修班等方式，深入阐释腐蚀和反腐蚀斗争的严峻性、复杂性，讲清楚反腐败斗争的长期性、艰巨性，教育党员、干部始终保持对“腐蚀”“围猎”的警觉，任何时候都要稳得住心神、管得住行为、守得住清白。

（2）强化纪法意识，推动敬法畏纪。把学习掌握党章党规作为合格党员的基本要求，列入“三会一课”内容，促进党内法规学习常态化制度化，形成尊崇党章、遵守党纪的良好习惯。健全学纪学法制度，每年开展纪法教育月、教育周等活动，不断增强党员、干部法治意识、党规意识、制度意识、纪律意识，促进依法履职、廉洁从政。

（3）强化警示震慑，做到警钟长鸣。健全警示教育制度，省（自治区、直辖市）、中央单位每年召开警示教育大会，发案单位按规定召开处分决定宣布会、专题民主生活会、组织生活会等，用身边事教育身边人。创新警示教育方式，加大案件通报曝光力度，开展同级同类警示教育，建立健全以案说德、以案说纪、以案说法、以案说责机制，按有关规定组织党员、干部旁听职务犯罪案件庭审，放大震慑效应。挖掘警示教育资源，深刻剖析违纪违法典型案例，充分运用忏悔录，制作警示教育片，建好用好警示教育基地，深化以案促改、以案促治，让党员、干部受警醒、明底线、知敬畏。

（4）强化示范引领，激励勤廉从政。充分发挥革命英雄、建设楷模和时代先锋的精神引领、典型示范作用，深入挖掘艰苦朴素、公而忘私、不计较个人得失、不贪图享受等崇高品质，把榜样力量转化为艰苦奋斗、不懈奋斗、永远奋斗的生动实践。党员领导干部要以身作则、以上率下，发挥示范带动作用。培养和树立勤廉兼优的先进典型，在各级先进模范评选中注重发现勤廉典型，让党员、干部学有榜样、行有示范、赶有目标。综合运用学习交流、宣讲报告、实践体验等方式，大力宣传勤政为民、廉洁奉公事迹，更好发挥勤廉榜样的带动作用。

23. 如何弘扬崇廉拒腐的社会风尚？

（1）运用新媒体新技术传播廉洁文化。把廉洁文化建设融入党的宣传思想文化工作，统筹各类媒体资源，积极传播廉洁理念，在全党全社会营造和弘扬崇尚廉洁、抵制腐败的良好风尚。加强廉洁文化网络内容建设，充分运用媒体融合成果，增强吸引力、感染力。创新传播载体手段，积极运用社交媒体、移动客户端等传播平台，实现广泛覆盖、有效覆盖。

（2）丰富廉洁文化优质产品和服务供给。把握正确导向，把廉洁文化作品创作列入重大文艺创作计划、艺术基金支持范围等，组织创作一批兼具思想性、艺术性和观赏性的精品力作。探索搭建全国廉洁文化共享平台，建设作品库、人才库。

（3）拓展利用廉洁文化资源。在公共文化服务整体规划中统筹廉洁文化阵地建设，优化资源配置，提升建设质量。充分利用党员教育培训基地、爱国主义教育基地、公共文化机构等，依托各地历史文化名胜，丰富廉洁文化展陈，更好发挥教化功能。各地结合实际建立廉洁文化阵地目录，确立一批示范基地。推动廉洁文化资源数字化，建设网上廉洁文化展馆。

24. 反腐败制度建设的重要作用表现在哪些方面？

（1）反腐败制度建设是加强和改进新形势下党的建设的客观需要。推进反腐败制度建设，提高反腐败建设科学化、制度化、规范化水平，是加强和改进新形势下党的建设的重要着力点。用制度的形式保持和发扬党的建设的优势和传统，将新形势下形成的新理论、新经验、新做法固定下来，有利于形成保障和促进党的建设健康发展的长效机制。

（2）反腐败制度建设是推进党风廉政建设和反腐败工作的重要保障。体制、制度方面存在漏洞和薄弱环节是现阶段腐败现象滋生蔓延的一个重要原因。反腐败制度建设对党风廉政建设和反腐败工作至关重要，就在于反腐败各项任务的落实，必须依靠制度贯穿其中。教育要靠制度来保证，监督要靠制度来落实，改革要靠制度来巩固，纠风要靠制度来深化，惩治要靠制度来规范。

（3）反腐败制度建设是惩治和预防腐败体系建设的重要内容。推进反腐败制度建设，又是完善惩治和预防腐败体系、从源头上防治腐败的根本途径，是以改革创新精神推进反腐败建设的具体体现。

25. 如何通过监督检查有效防治腐败？

监督检查既像“探测仪”，可以尽早发现问题的征象和苗头，及时预防腐败；也像一把“利剑”，可以对发现的腐败问题采取断然措施，挽回损失并产生警示和震慑作用。近些年，一批重大工程建设项目陆续启动，投入资金大、建设项目多、产业链条长、利益关系杂，容易发生权钱交易等腐败问题。加强对这些大项目的监督检查，通过前移监督关口，可以及早发现和纠正苗头性、倾向性问题，及时查处违纪违法行为，防止和减少腐败现象的发生。

26. 怎样推进从源头上防治腐败的制度改革和创新？

（1）深化干部人事制度改革。

（2）深化行政审批制度改革，完善规范政府共同行为的有关制度。

（3）深化财政、金融和投资体制改革。

（4）推进司法制度改革。

（5）规范和完善工程建设招标、土地使用权转让、产权交易、政府采购等制度。

27. 如何保障群众通过网络参与反腐败斗争渠道的畅通？

切实保障群众通过网络参与反腐败斗争渠道的畅通和有效，是团结群众、依靠群众推进反腐败斗争的必然要求。为此，需要加强对互联网的管理和运用，因势利导、趋利避害，努力排除阻碍和干扰。

（1）加强法治、道德、自律观念教育，引导网民做守法网民、道德网民、理性网民，自觉遵守国家的法律法规和政策，积极行使权利的同时也认真履行义务。倡导网民理性思考、文明发帖，不搞造谣诬蔑、人身攻击，不发过激言论。对各类损害舆论监督的行为加大打击惩治力度，共同营造健康向上的网络舆论环境，为群众通过网络有序参与反腐败斗争创造条件。

（2）加强制度建设，为群众利用网络参与反腐败斗争将提供制度保障。目前，我国关于网络管理、网络监督的相关法律法规尚不够健全。比如知情权与隐私权、正当监督与造谣诽谤、揭露腐败与人身攻击等的法律界限比较模糊，需要进一步规范。互联网已经并将进一步给反腐败斗争带来深刻影响，带来机遇和挑战。我们要以新的思维、新的视角来审视信息化条件下的反腐败斗争，采取更加有力的措施，努力发挥互联网在反腐败斗争中的积极作用，进一步拓宽群众参与反腐败斗争渠道，更好地推进党风廉政建设和反腐败斗争。

28. 纪检监察机关对反腐败工作实施组织协调的途径有哪些？

纪检监察机关对反腐败工作实施组织协调，应主要通过以下途径：

（1）通过向党委汇报并根据授权进行组织协调。涉及反腐败工作的重要决策和重大事项要认真抓好督促落实，重要情况及时向党委报告，必要时以党委名义对反腐败工作进行安排部署和指导。

（2）通过监督落实党风廉政建设责任制进行组织协调。纪委对落实党风廉政建设责任制负有监督检查之责。实践证明，按照责任制规定进行组织协调，依据充分，效果明显。

（3）通过认真履行自身职责进行组织协调。根据反腐败工作进展情况及时进行调度，适时进行检查，对发现的问题进行协调和处理。

29. 什么是党风廉政建设制度？

党风廉政建设制度是按照全面从严治党要求，为确保党风廉政建设取得良好效果而制定的一系列政治制度的总称。党风廉政建设制度是端正党风、促进廉政和加强反腐败工作的必要规范，是减少和防止违纪违法问题发生的必要措施。

30. 新时代我们党在反腐败斗争中取得了哪些重大成就？

党的十八大以来，我们党开展了史无前例的反腐败斗争，以“得罪千百人，不负十四亿”的使命担当祛疴治乱，不敢腐、不能腐、不想腐一体推进，“打虎”“拍蝇”“猎狐”多管齐下，反腐败斗争取得压倒性胜利并全面巩固，消除了党、国家、军队内部存在的严重隐患，确保党和人民赋予的权力始终用来为人民谋幸福。

31. 新时代全面从严治党取得的标志性成就是什么？

反腐败斗争取得压倒性胜利并全面巩固，这是党中央在深刻认识和分析反腐败斗争规律的基础上作出的科学论断，是新时代全面从严治党取得的标志性成就。

第八章

农村、机关、国有企业、新兴领域党建工作

1. 农村基层党组织的基本定位是什么?

乡镇党的委员会（简称乡镇党委）和村（指行政村）党组织是党在农村的基层组织，是党在农村全部工作和战斗力的基础，全面领导乡镇、村的各类组织和各项工作。

在新形势下，要以提升组织力为重点，突出政治功能，把农村基层党组织建设成为宣传党的主张、贯彻党的决定、领导基层治理、团结动员群众、推动改革发展的坚强战斗堡垒，发挥党员先锋模范作用。

2. 农村党支部的战斗堡垒作用主要体现在哪些方面?

农村党支部的战斗堡垒作用主要体现在如下3个方面:

（1）坚决贯彻执行党的路线、方针、政策，保证本地区生产、工作任务的完成。任何地区的党支部都要保证党的路线和上级决定在本地区得到正确的贯彻执行。

（2）坚持党要管党、全面从严治党的原则，加强对党员的教育管理，充分发挥党员的先锋模范作用。农村党支部要把加强对党员的教育管理、提高党员的素质摆在重要位置。因为党组织是由党员组成的，党员是党组织的细胞，党员的素质，直接关系到党的性质、党的领导和党的形象。党员能否发挥先锋模范作用，是衡量农村党支部战斗力的重要标志之一。

（3）密切联系群众，做好群众的思想政治工作，调动广大群众的积极性和创造性。党的事业是人民群众自己的事业。因此，农村党支部能否把广大群众团结在党支部周围，教育他们正确地认识到自己的根本利益同党的目标的一致性，并把他们组织起来，为完成党的任务而奋斗，也就成为衡量农村党支部是否有战斗力的重要标志之一。

3. 乡镇党委的主要职责是什么？

乡镇党委的主要职责有以下 6 个方面：

（1）宣传和贯彻执行党的路线方针政策和党中央、上级党组织及本乡镇党员代表大会（党员大会）的决议。

（2）讨论和决定本乡镇经济建设、政治建设、文化建设、社会建设、生态文明建设和党的建设以及乡村振兴中的其他重大问题。需由乡镇政权机关或者集体经济组织决定的重要事项，经乡镇党委研究讨论后，由乡镇政权机关或者集体经济组织依照法律和有关规定作出决定。

（3）领导乡镇政权机关、群团组织和其他各类组织，加强指导和规范，支持和保证这些机关和组织依照国家法律法规以及各自章程履行职责。

（4）加强乡镇党委自身建设和村党组织建设，以及其他隶属乡镇党委的党组织建设，抓好发展党员工作，加强党员队伍建设。维护和执行党的纪律，监督党员干部和其他任何工作人员严格遵守国家法律法规。

（5）按照干部管理权限，负责对干部的教育、培训、选拔、考核和监督工作。协助管理上级有关部门驻乡镇单位的干部。做好人才服务和引进工作。

（6）领导本乡镇的基层治理，加强社会主义民主法治建设和精神文明建设，加强社会治安综合治理，做好生态环保、美丽乡村建设、民生保障、共同富裕、民族宗教等工作。

4. 村党组织的主要职责是什么？

（1）宣传和贯彻执行党的路线方针政策和党中央、上级党组织及本村党员大会（党员代表大会）的决议。

（2）讨论和决定本村经济建设、政治建设、文化建设、社会建设、生态文明建设和党的建设以及乡村振兴中其他重要问题，并及时向乡镇党委报告。需由村民委员会提请村民会议、村民代表会议决定的事情或者集体经济组织决定的重要事项，经村党组织研究讨论后，由村民会议、村民代表会议或者集体经济组织依照法律和有关规定作出决定。

（3）领导和推进村级民主选举、民主决策、民主管理、民主监督，推进农村基层协商，支持和保障村民依法开展自治活动。领导村民委员会以及村务监督委员会、村集体经济组织、群团组织和其他经济组织、社会组织，加强指导和规范，支持和保证这些组织依照国家法律法规以及各自章程履行职责。

（4）加强村党组织自身建设，严格组织生活，对党员进行教育、管理、监督和服务。负责对要求入党的积极分子进行教育和培养，做好发展党员工作。维护和执行党的纪律。加强对村、组干部和经济组织、社会组织负责人的教育、管理和监督，培养村级后备力量。做好本村招才引智等工作。

（5）组织群众、宣传群众、凝聚群众、服务群众，经常了解群众的批评和意见，维护群众正当权利和利益，加强对群众的教育引导，做好群众思想政治工作。

（6）领导本村的社会治理，做好本村的社会主义精神文明建设、法治宣传教育、社会治安综合治理、生态环保、美丽村庄建设、民生保障、脱贫致富、民族宗教等工作。

5. 农村党组织的基本任务是什么？

（1）宣传和执行党的路线、方针、政策，宣传和执行党中央、上级组织和本组织的决议，充分发挥党员的先锋模范作用，积极创先争优，团结、组织党内外的干部和群众，努力完成本地区本单位所担负的任务。

（2）组织党员认真学习马克思列宁主义、毛泽东思想、邓小平理论、“三个代表”重要思想、科学发展观、习近平新时代中国特色社会主义思想，推进“两学一做”学习教育常态化制度化，学习党的路线、方针、政策和决议，学习党的基本知识，学习科学、文化、法律和业务知识。

（3）对党员进行教育、管理、监督和服务，提高党员素质，坚定理想信念，增强党性，严格党的组织生活，开展批评和自我批评，维护和执行党的纪律，监督党员切实履行义务，保障党员的权利不受侵犯。加强和改进流动党员管理。

（4）密切联系群众，经常了解群众对党员、党的工作的批评和意见，维护群众的正当权利和利益，做好群众的思想政治工作。

（5）充分发挥党员和群众的积极性创造性，发现、培养和推荐他们中间的优秀人才，鼓励和支持他们在改革开放和社会主义现代化建设中贡献自己的聪明才智。

（6）对要求入党的积极分子进行教育和培养，做好经常性发展党员工作，重视在生产、工作第一线和青年中发展党员。

（7）监督党员干部和其他任何工作人员严格遵守国家法律法规，严格遵守国家的财政经济法规和人事制度，不得侵占国家、集体和群众的利益。

（8）教育党员和群众自觉抵制不良倾向，坚决同各种违纪违法行为作斗争。

此外，新形势下农村党支部的重点任务是全面领导隶属本村的各类组织和各项工作，围绕实施乡村振兴战略开展工作，组织带领农民群众发展集体经济，走共同富裕道路，完善乡村治理，建设和谐美丽乡村。

6. 农村党组织自身建设的主要任务是什么？

（1）坚持农村基层党组织领导地位不动摇，乡镇党委和村党组织全面领导乡镇、村的各类组织和各项工作。

（2）村党组织书记应当通过法定程序担任村民委员会主任和村级集体经济组织、合作经济组织负责人，推行村“两委”班子成员交叉任职。

（3）严格组织生活，对党员进行教育、管理、监督和服务。

（4）负责对要求入党的积极分子进行教育和培养，做好发展党员工作。

（5）维护和执行党的纪律。

（6）加强对乡（镇）、村、组干部和经济组织、社会组织负责人的教育、管理和监督，培养后备力量。

（7）加强村党组织对共青团、妇女组织等群团组织的领导，发挥它们的积极作用。

（8）推动全面从严治党向基层延伸，深入推进农村党风廉政建设，加强农村纪检监察工作，把落实农村政策情况作为巡视巡察重要内容，建立健全农村权力运行监督制度，持续整治侵害农民利益的不正之风和群众身边的腐败问题。

7. 农村党组织设置的原则是什么？

（1）党章规定：“企业、农村、机关、学校、医院、科研院所、街道社区、社会组织、人民解放军连队和其他基层单位，凡是有正式党员三人以上的，都应当成立党的基层组织。”党的基层组织，根据工作需要和党员人数，经上级党组织批准，分别设立党的基层委员会、总支部委员会、支部委员会。

（2）设置农村党组织的总原则是要有利于推进乡村振兴，有利于党支部自身建设，有利于加强和改善党的领导。

（3）按照党员人数以及地域、单位设置党支部，是设置党支部的一般原则。按照党员人数设置党支部，可以使基层党的上级组织和下级组织、党组织的领导干部和普通党员保持适当比例，有利于基层党组织的精干高效，有利于基层各级党组织的效能得到充分发挥。

（4）设置农村党组织的基本原则是有正式党员 3 人以上的村，应当成立党支部；不足 3 人的，可以与邻近村联合成立党支部。党员人数超过 50 人的村，或者党员人数虽不足 50 人、确因工作需要的村，可以成立党的总支部。党员人数 100 人以上的村，根据工作需要，经县级地方党委批准，可以成立党的基层委员会，下设若干党支部；村党的委员会受乡镇党委领导。

（5）此外，村改社区后应当同步调整或者成立党组织。村及以下成立或者撤销党组织，必须经乡镇党委或者以上党组织批准。

8. 农村党组织设置的程序是什么？

（1）向上级党委写出建立党组织的请示。主要内容包括：建制单位的工作性质、人员数量等简要情况；现有正式党员、预备党员的数量，建立党组织的依据和理由；所建党组织的性质；党组织委员会组成人数和委员设置方案；等等。

（2）上级党组织批准建立党组织以后，应召开党员大会，以无记名投票方式差额选举产生党组织委员会。

（3）召开党组织委员会会议，等额提名或直接选举产生党支部书记、副书记，并对委员进行分工。

（4）向上级党委写出党组织委员会组成的请示。主要内容包括：选举党组织委员会的依据；党员大会进行选举的简要情况，包括时间、出席大会的党员情况、候选人名额与应选人名额差额情况、选举结果；党组织委员会选举书记、副书记的情况以及党支部委员的分工情况；等等。

（5）上级批复。党组织委员会开始工作，履行职责。

9. 农村服务型党组织建设的总体要求是什么？

建设农村服务型党组织，要坚持服务改革、服务发展、服务民生、服务群众、服务党员。

（1）服务改革，就是贯彻落实中央关于乡村振兴的重大决策部署，做好宣传引导、统一思想工作，协调处理改革涉及的群众切身利益问题，组织动员广大党员和群众理解改革、支持改革、参与改革，为推进改革贡献力量。

（2）服务发展，就是贯彻新发展理念，推进高质量发展，凝聚发展力量，营造发展环境，提供发展动力，促进经济持续健康发展。

（3）服务民生，就是贯彻落实党的惠民利民政策，为谋民生之利、解民生之忧创造条件，为解决农村群众上学、看病、就业、养老、住房等实际困难提供服务，推动农村社会治理创新，主动化解社会矛盾，促进社会和谐稳定。

（4）服务群众，就是自觉践行党的根本宗旨和群众路线，既认真倾听群众意见，维护群众利益，按照群众的需求和意愿提供服务，又充分运用民主协商、耐心说服和典型示范等方法教育引导群众，团结带领群众共同创造幸福美好生活。

（5）服务党员，就是尊重党员主体地位，保障党员民主权利，健全党内激励关怀帮扶机制，从思想、工作、生活上关心党员，尤其要帮助老党员、生活困难党员和流动党员解决实际问题，增强党员的归属感、荣誉感、责任感，激发党员服务群众内在动力。

10. 街道党（工）委的主要职责是什么？

街道党（工）委的主要职责是：

（1）宣传和执行党的路线方针政策，宣传和执行党中央、上级党组织和本组织的决议，组织带领干部和群众，努力完成本单位所担负的任务。

（2）讨论决定本街道城市管理、经济发展和社区建设中的重大问题。协调有关部门，动员各方力量，整合各类资源，服务社区群众，共同推进社区建设。

（3）领导街道行政组织，支持和保证其依法充分行使职权；领导街道工会、共青团、妇联等群众组织，支持和保证其依照各自的章程开展工作；领导或指导在社区、驻区非公有制经济组织、社会团体和社会中介组织中开展党的工作。

（4）领导本街道的思想政治工作、基层民主政治建设和精神文明建设，加强社会治安综合治理，协调利益关系，维护社会稳定。

（5）加强街道党组织自身建设，领导以社区党组织为核心的社区组织体系建设。

（6）按照干部管理权限，负责干部的教育、选拔、管理和监督工作。协助上级有关职能部门做好其派出机构及其负责人的管理和监督工作。

11. 社区党支部(总支、党委)的主要职责是什么?

社区党支部（总支、党委）的主要职责是：

（1）宣传和执行党的路线方针政策，宣传和执行党中央、上级党组织和本组织的决议，团结、组织干部和群众，努力完成社区各项任务。

（2）讨论决定本社区建设、管理中的重要问题。

（3）领导社区居民自治组织，支持和保证其依法充分行使职权，完善公开办事制度，推进社区居民自治；领导社区群众组织，支持和保证其依照各自的章程开展工作。

（4）联系群众、服务群众，宣传群众、教育群众，反映群众的意见和要求，化解社会矛盾，维护社会稳定。

（5）组织党员和群众参加社区建设。

（6）加强社区党组织自身建设，做好党员的教育管理和发展党员工作。

12. 新形势下，怎样加强党建引领基层治理?

基层强则国家强，基层安则天下安。新形势下，加强党建引领基层治理，应着力在四个方面下功夫。

（1）着力在构建党全面领导基层治理的体制机制上下功夫。健全完善乡镇（街道）党的基层委员会和村（社区）党组织统一领导本地区基层各类组织和各项工作、加强基层社会治理的机制。充分发挥党建引领基层治理协调机制作用，加强党委社会工作部门与相关部门的工作协同，进一步强化党建引领，有效整合力量，提升工作效能。探索建立健全党建引领基层治理评价机制，持续加强跟踪问效。

（2）着力在破解基层治理突出问题上下功夫。与有关部门一道，推动健全乡镇（街道）职责和权力、资源相匹配制度，加强乡镇（街道）服务管理力量，探索建立村（社区）事项准入制度，健全为基层减负长效机制。推广实践探索形成的有效做法，认真落实破解基层治理“小马拉大车”突出问题的政策举措，严格控制面向基层的督查、检查、考核总量，巩固清理基层组织“滥挂牌”成果，推动资源、服务、管理等下沉基层。

（3）着力在充实基层治理力量上下功夫。加强社区工作者职业体系建设，健全教育培训、管理监督、激励保障等制度机制，增强社区工作者职业认同感、归属感、荣誉感，打造一支政治坚定、素质优良、敬业奉献、结构合理、群众满意的社区工作者队伍。推动行业协会商会、“两企三新”发挥人才和资源优势参与基层治理。组织引导社会工作专业人才、志愿者在基层治理中发挥积极作用。

（4）着力在强化典型示范带动上下功夫。建立党建引领基层治理观察联系点，精准掌握基层治理面临的新情况、新问题，及时发现地方推进基层治理的好经验、好做法。梳理、总结、发布基层治理典型案例，加大宣传推广力度，以点带面推动各地基层治理水平整体提升。

13. 机关党的建设的总要求是什么？

机关党的建设要以马克思列宁主义、毛泽东思想、邓小平理论、“三个代表”重要思想、科学发展观、习近平新时代中国特色社会主义思想为指导，深刻领悟“两个确立”的决定性意义，树牢“四个意识”，坚定“四个自信”，带头做到“两个维护”，以党的政治建设为统领，着力深化理论武装，着力夯实基层基础，着力推进正风肃纪，着力解决和防止“灯下黑”问题，全面提高机关党的建设质量，切实在深入学习贯彻习近平新时代中国特色社会主义思想上作表率，在始终同以习近平同志为核心的党中央保持高度一致上作表率，在坚决贯彻落实党中央各项决策部署上作表率，建设让党放心、让人民群众满意的模范机关，为推动机关各项事业发展提供坚强保证。

14. 机关党建工作的根本职责和核心任务是什么?

围绕中心、建设队伍、服务群众是机关党建工作的根本职责和核心任务，也是党的建设的成功经验在机关党建工作中的具体体现。

15. 机关党的建设的主要原则是什么?

（1）坚持和加强党的全面领导，坚持党要管党、全面从严治党。

（2）坚持围绕中心、建设队伍、服务群众，推动机关党建和业务工作深度融合、相互促进。

（3）坚持以上率下、以机关带系统，充分发挥领导机关和领导干部示范引领作用。

（4）坚持问题导向，加强分类指导，注重精准施策。

（5）坚持求真务实、改革创新，把握特点规律，切实增强机关党建工作的针对性、实效性。

16. 党的工作机关设立有哪些要求?

党的工作机关的设立，应当适应加强党的领导和党的建设的需要，遵循精简、统一、效能原则，实行总量控制和限额管理。根据工作需要，党的工作机关可以与职责相近的国家机关等合并设立或者合署办公。合并设立或者合署办公仍由党委主管。严格控制议事协调机构常设办事机构的设立。议事协调机构负责的事项，可以交由现有工作机关牵头协调或者建立协调配合机制解决的，不另设常设办事机构。

17. 党的工作机关在政治建设方面的职责是什么？

党的工作机关必须牢固树立政治意识、大局意识、核心意识、看齐意识，始终在思想上政治上行动上同以习近平同志为核心的党中央保持高度一致。按照全面从严治党要求，加强机关党的建设和队伍思想政治建设，教育引导党员干部坚定理想信念，强化宗旨意识，始终保持对党的事业、对党中央的绝对忠诚，自觉践行“三严三实”要求，在守纪律、讲规矩方面作出表率。

18. 党的工作机关在业务能力建设方面的职责是什么？

党的工作机关应当加强业务能力建设，开展经常性的学习培训和业务交流，勇于探索实践，善于总结工作规律，不断提高干部队伍专业化水平和履职尽责本领。

19. 机关党支部委员会的设立条件是什么？

机关正式党员3人以上的成立党支部，正式党员7人以上的党支部，设立党支部委员会，党支部委员会由党员大会选举产生。正式党员不足7人的党支部，不设党支部委员会，由党员大会选举支部书记1人，必要时增选副书记1人。

20. 如何建强抓实机关党支部？

以落实《中国共产党支部工作条例（试行）》为抓手，突出机关特点，扎实推进党支部标准化、规范化建设。严格执行“三会一课”等制度，确保质量和效果。积极推动党支部活动方式创新。为执行某项任务临时组建的机构，党员组织关系不转接的，经上级党组织批准，应成立临时党支部。选好配强党支部书记和委员，党支部书记原则上由本部门本单位党员主要负责人担任，履行第一责任人职责。建立党支部委员履职培训制度，新任党支部书记须在任职6个月内接受集中培训。充分发挥党支部在选人用人中的监督作用，党员、干部选拔任用、评优评先应听取所在党支部意见。选树先进党支部和优秀党支部书记典型，坚持以先进带中间、督后进，有效解决一些基层党组织弱化、虚化、边缘化问题。

21. 机关党的基层委员会（含不设党的基层委员会的总支部委员会、支部委员会）的基本职责是什么？

（1）深入学习和贯彻习近平新时代中国特色社会主义思想，坚持和落实中国特色社会主义根本制度、基本制度、重要制度，宣传和执行党的路线、方针、政策，宣传和执行党中央、党的上级组织和本组织的决议，充分发挥党组织战斗堡垒作用和党员先锋模范作用，积极创先争优，团结、组织党内外干部和群众，努力完成本单位所担负的任务。

（2）推进“两学一做”学习教育常态化制度化，组织党员深入学习党的创新理论，学习党的路线、方针、政策和决议，学习党的基本知识和党史、新中国史、改革开放史、社会主义发展史、中华民族发展史，学习党章党规党纪和国家法律法规，学习业务知识和经济、政治、文化、社会、生态文明建设等各方面知识。

（3）对党员进行教育、管理、监督和服务，严格党的组织生活，维护和执行党的纪律，监督党员切实履行义务，保障党员权利不受侵犯。监督党员干部和其他任何工作人员严格遵守国家法律法规，加强党风廉政建设，坚决同各种违纪违法行为作斗争。

（4）密切联系群众，经常了解群众对党员、党的工作的批评和意见，了解群众诉求，维护群众正当权利和利益。

（5）对要求入党的积极分子进行教育、培养和考察，做好发展党员工作。

（6）做好思想政治工作和意识形态工作，推进机关社会主义精神文明建设，培育和践行社会主义核心价值观。

（7）协助党组（党委）管理机关基层党组织和群团组织的干部；配合组织人事部门对机关领导干部进行考察、考核和民主评议，对机关干部的选拔任用和奖惩提出意见。

（8）领导机关工会、共青团、妇女组织等群团组织，支持这些组织依照各自的章程独立负责地开展工作。

（9）按照党组织的隶属关系，领导直属单位党的工作。

22. 机关基层党组织政治建设的主要内容是什么？

（1）机关基层党组织必须把党的政治建设摆在首位，落实党的政治建设责任，推动党和国家机关彰显政治属性，在加强党的政治建设上带好头、作示范。

（2）坚持以党的创新理论武装头脑，引导党员、干部学深悟透、融会贯通、真信笃行，自觉做习近平新时代中国特色社会主义思想的坚定信仰者、忠实实践者。把不忘初心、牢记使命作为加强党的建设的永恒课题和全体党员、干部的终身课题，形成长效机制，锤炼党员、干部忠诚干净担当的政治品格。发挥领导干部领学促学作用，提高党员、干部运用党的创新理论指导实践、推动工作的能力。有计划地对年轻干部进行理想信念宗旨教育。

（3）坚持党的政治领导，教育引导党员、干部坚决做到“两个维护”，在思想上政治上行动上同以习近平同志为核心的党中央保持高度一致。严明党的政治纪律和政治规矩，严肃党内政治生活，发展积极健康的党内政治文化。加强对党忠诚教育，落实“四个服从”，严格执行重大事项请示报告制度。

（4）提高政治能力，强化政治担当，强化制度执行力，推动党的主张和决策部署转化为本单位本领域的政策法规、制度措施，提升治理效能。发扬斗争精神，有效防范化解风险。坚持全心全意为人民服务的根本宗旨，贯彻党的群众路线，完善党员、干部联系群众制度，为群众办实事、解难事。

（5）坚决反对形式主义、官僚主义、享乐主义和奢靡之风，教育引导党员、干部坚持实事求是的思想路线，树立正确政绩观，把对上负责与对下负责统一起来，转变作风，真抓实干。

（6）围绕党和国家重要工作部署以及本单位业务工作，针对机关工作人员思想情况，做好思想政治工作。对机关工作人员进行政治理论教育，爱国主义、集体主义、社会主义教育，形势政策教育，纪律和廉政教育，政治品德、职业道德、社会公德、家庭美德教育，引导机关工作人员弘扬党的优良传统和作风，保持为民务实清廉的政治本色。将解决思想问题与解决实际问题相结合，增强思想政治工作实效。定期向党的机关工作委员会和本单位党组（党委）汇报机关思想政治工作情况，提出改进工作的意见和建议。

23. 机关基层党组织党员队伍建设的内容是什么？

（1）机关基层党组织应当坚持集中教育和经常性教育相结合、组织培训和个人自学相结合，提高机关党员学习教育的针对性和实效性。组织党员和党组织领导班子成员每年参加集中培训。组织党员认真参加党内集中学习教育。落实党员领导干部讲党课制度。

（2）严格执行党的组织生活制度，确保党的组织生活经常、认真、严肃。开好民主生活会和组织生活会，认真开展批评和自我批评。经常分析党员思想状况，提高“三会一课”质量，落实谈心谈话、民主评议党员和主题党日等制度，完善重温入党誓词、入党志愿书等活动。党员领导干部应当自觉参加双重组织生活，推动所在党支部建设成为先进党支部。稳妥有序处置不合格党员。

（3）做好党员服务工作，建立健全党内关怀帮扶长效机制。关心党员思想、学习、工作和生活，了解党员需求，及时反映涉及党员切身利益的重要情况。关心关爱因公殉职、牺牲党员的家庭和因公伤残党员。认真做好离退休干部职工党员、流动党员的服务工作，为生活困难党员提供帮助。

（4）组织开展创建党员先锋岗、争当服务群众标兵、党员承诺践诺等活动，鼓励党员到社区为群众服务，引导和激励党员带头贯彻落实党中央决策部署、做好本职工作、完成急难险重任务，带动机关工作人员建功新时代、争创新业绩。

（5）坚持把政治标准放在首位，按照控制总量、优化结构、提高质量、发挥作用的总要求和有关规定发展党员，严格发展程序，严肃工作纪律。

24. 国有企业党建工作的方向和目标是什么？

新时代的国有企业党建工作，要坚持以马克思列宁主义、毛泽东思想、邓小平理论、“三个代表”重要思想、科学发展观、习近平新时代中国特色社会主义思想为指导，坚持党的“一个中心、两个基本点”的基本路线，紧紧围绕企业改革和生产经营来进行，坚持党要管党、全面从严治党的方针，从政治、思想、组织、作风、纪律、制度上全面加强党的建设，充分发挥党委（党组）的领导作用和基层党组织的战斗堡垒作用，促进企业的物质文明和精神文明建设。要通过加强和完善党对国有企业的领导、加强和改进国有企业党的建设，使国有企业成为党和国家最可信赖的依靠力量，成为坚决贯彻执行党中央决策部署的重要力量，成为贯彻新发展理念、全面深化改革的重要力量，成为实施“走出去”战略、“一带一路”倡议等重大战略的重要力量，成为壮大综合国力、促进经济社会发展、保障和改善民生的重要力量，成为我们党赢得具有许多新的历史特点的伟大斗争胜利的重要力量。

25. 做好国有企业党建工作应遵循的原则是什么？

（1）坚持全面贯彻落实“充分发挥企业党组织的政治核心作用，坚持和完善厂长（经理）负责制，全心全意依靠工人阶级”的指导方针。这个指导方针是多年来探索有中国特色国有企业领导体制实践经验的科学总结。国有企业由工厂制改成公司制以后，要继续充分发挥企业党组织的领导作用，坚持全心全意依靠工人阶级，保证和支持股东会、董事会、监事会、经理依法行使职权，逐步完善企业领导制度。

（2）坚持为国有企业改革和发展服务。国有企业党的工作要贯穿生产经营的全过程，把保证和促进企业改革、转换经营机制、加强科学管理、推进科技进步、提高经济效益、实现国有资产保值增值，作为国有企业党组织工作的第一要务，作为检验党建工作成效和党组织创造力、凝聚力、战斗力的主要标准。

（3）坚持党管干部原则。要把坚持党管干部原则同改进管理方法结合起来，同保证厂长（经理）和董事会依法行使人事权结合起来，深化企业人事制度改革，逐步建立一套适合现代企业制度特点的人事管理制度。

（4）坚持继承和创新相结合。国有企业党建工作必须进一步解放思想，从实际情况出发，坚持和发扬过去行之有效的好传统、好办法，积极创造新的活动方式和工作方法。

26. 国有企业党建工作的主要内容是什么？

（1）坚持党的领导，充分发挥国有企业党组织的领导和战斗堡垒作用。一是坚持党的建设与国有企业改革同步谋划；二是将党建工作总体要求纳入国有企业章程；三是认真贯彻国有企业党建工作的指导思想和方针原则；四是明确国有企业党组织参与重大问题决策的内容、途径和方法；五是坚持和完善双向进入、交叉任职的领导体制。

（2）坚持从严治党，国有企业党组织要切实承担好、落实好管党治党责任。一是严格落实国有企业党建工作责任制；二是切实履行全面从严治党主体责任和监督责任，做好企业党风廉政建设和反腐败斗争各项重点工作；三是加强国有企业基层党组织建设和党员队伍建设；四是改进国有企业党组织的工作方法和活动方式，增强党组织的创造力、凝聚力、战斗力；五是充分发挥党组织的战斗堡垒作用和党员的先锋模范作用。

（3）坚持党管干部，加强对国有企业领导人员的选拔、管理和监督。一是从严选拔国有企业领导人员；二是坚持党管干部原则与董事会依法选择经营管理者以及经营管理者依法行使用人权相结合，同时充分发挥市场机制作用；三是从严教育国有企业领导人员，做好培训工作；四是加强对国有企业领导人员的管理，建立合理的对国有企业领导人员的激励机制；五是强化对国有企业领导人员行使权力的监督。

（4）坚持党管人才，不断加强国有企业人才队伍建设。一是建立与现代企业制度要求相适应的选人用人新机制；二是坚持党委对人才工作的领导；三是营造各类人才发挥作用的良好环境。

（5）坚持思想建设，着力提升企业思想政治工作和精神文明建设水平。一是加强对国有企业思想政治工作和精神文明建设的领导；二是认真做好企业思想政治工作；三是扎实推进企业文化建设；四是完善以职工代表大会为基本形式的企业民主管理制度，依法维护职工合法权益；五是加强和改进党组织对群众工作的领导，维护企业和谐稳定。

27. 国有企业如何设立党的基层组织？

根据党章规定，国有企业基层党组织的组织形式，应根据工作需要和党员人数而定。在一般情况下，党员 100 人以上的基层单位，经上级党组织批准，设立党的基层委员会。党员不足 100 人的，因工作需要经上级党组织批准，也可以设立党的基层委员会。党的基层委员会由党员大会或者党员代表大会选举产生。党员 50 人以上、100 人以下的，设立党的总支部委员会。党员不足 50 人的，因工作需要，经上级党组织批准，也可以设立党的总支部委员会。党的总支部委员会由党员大会选举产生。正式党员3人以上的，成立党支部。正式党员7人以上的党支部，设立支部委员会，支部委员会由党员大会选举产生；正式党员不足7人的党支部，不设支部委员会，由党员大会选举支部书记，必要时增选副书记1人。

为完成某项临时性任务而成立的临时单位、临时机构、短期学习班等，经批准，可以成立党的临时委员会、总支部委员会或支部委员会。临时党组织的书记、副书记和委员会委员由上级党组织指定。

28. 国有企业党组织工作机构和党务工作人员的配置原则是什么?

国有企业设置党组织工作机构和配备党务工作人员，必须本着精干、高效、协调和有利于加强党的工作的原则。大型国有企业党委根据需要设立党委办公室和组织、宣传等工作部门。中小型国有企业党的工作部门可以单独设立，也可以与职能相近的企业行政工作部门合署办公。按照稳定队伍、优化结构、提高素质的要求，努力建设一支梯次合理、善于围绕企业生产经营开展党建工作的复合型党务工作者队伍。企业党委工作机构和人员必须纳入企业管理机构和人员编制，党组织活动经费从企业管理费中列支部分必须得到保证。逐步建立党务工作人员工作责任制和考核制，并纳入企业管理人员责任考核体系，其待遇和奖惩原则上与同一层次经营管理人员一视同仁。党务工作人员与经营管理人员要进行必要的岗位交流。

29. 国有企业如何设立党组？

党章规定："在中央和地方国家机关、人民团体、经济组织、文化组织和其他非党组织的领导机关中，可以成立党组。"《中国共产党党组工作条例》规定："党组的设立，应当由党中央或者本级地方党委审批。有关管委会的工作部门设立党组，由本级党委授权管委会党工委审批。党组不得审批设立党组。分党组的设立，由党组报本级党委组织部门审批。新成立的有关单位符合设立党组条件的，党中央或者本级地方党委可以根据需要作出设立党组的决定，也可以由需要设立党组的单位或者其上级主管部门党组织提出设立申请，由党中央或者本级地方党委审批。变更、撤销党组的，由批准其设立的党组织作出决定。"

党组设书记，必要时可以设副书记。国有企业党组书记根据企业内部治理结构形式确定，建立董事会的一般由董事长兼任，未建立董事会的一般与总经理分设。其他党组成员一般由进入董事会、监事会、经理层的党员领导人员和纪检组组长根据工作需要担任。党组成员一般设3—7人，中管国有重要骨干企业和中管金融企业党组成员一般不超过9人。党组成员除应当具备党章和《党政领导干部选拔任用工作条例》规定的党员领导干部的基本条件外，还应当有3年以上党龄，其中厅局级以上单位的党组成员应当有5年以上党龄。

党组成员的任免一般由批准其设立党组的党组织决定。国有企业党组成员的职责与任免，按照干部管理权限执行。

30. 国有企业党委（党组）的主要职责是什么？

国有企业党委（党组）发挥领导作用，把方向、管大局、保落实，依照规定讨论和决定企业重大事项。主要职责有以下7项：

（1）加强企业党的政治建设，坚持和落实中国特色社会主义根本制度、基本制度、重要制度，教育引导全体党员始终在政治立场、政治方向、政治原则、政治道路上同以习近平同志为核心的党中央保持高度一致。

（2）深入学习和贯彻习近平新时代中国特色社会主义思想，学习宣传党的理论，贯彻执行党的路线方针政策，监督、保证党中央重大决策部署和上级党组织决议在本企业贯彻落实。

（3）研究讨论企业重大经营管理事项，支持股东（大）会、董事会、监事会和经理层依法行使职权。

（4）加强对企业选人用人的领导和把关，抓好企业领导班子建设和干部队伍、人才队伍建设。

（5）履行企业全面从严治党主体责任，领导、支持内设纪检组织履行监督执纪问责职责，严明政治纪律和政治规矩，推动全面从严治党向基层延伸。

（6）加强基层党组织建设和党员队伍建设，团结带领职工群众积极投身企业改革发展。

（7）领导企业思想政治工作、精神文明建设、统一战线工作，领导企业工会、共青团、妇女组织等群团组织。

31. 国有企业党支部（党总支）以及内设机构中设立的党委的主要职责是什么？

国有企业党支部（党总支）以及内设机构中设立的党委围绕生产经营开展工作，发挥战斗堡垒作用。主要职责有以下 6 项：

（1）学习宣传和贯彻落实党的理论和路线方针政策，宣传和执行党中央、上级党组织和本组织的决议，团结带领职工群众完成本单位各项任务。

（2）按照规定参与本单位重大问题的决策，支持本单位负责人开展工作。

（3）做好党员教育、管理、监督、服务和发展党员工作，严格党的组织生活，组织党员创先争优，充分发挥党员先锋模范作用。

（4）密切联系职工群众，推动解决职工群众合理诉求，认真做好思想政治工作。领导本单位工会、共青团、妇女组织等群团组织，支持它们依照各自章程独立负责地开展工作。

（5）监督党员、干部和企业其他工作人员严格遵守国家法律法规、企业财经人事制度，维护国家、集体和群众的利益。

（6）实事求是对党的建设、党的工作提出意见建议，及时向上级党组织报告重要情况。按照规定向党员、群众通报党的工作情况。

32. 国有企业党组织群众工作的基本任务是什么？

群众工作主要是指宣传教育群众、依靠群众、组织引导群众，提高群众的思想政治觉悟，调动群众的积极性、创造性，动员群众参加党所领导的各项工作。国有企业党组织的群众工作和其他类型党组织的群众工作大同小异，都是党的根本性工作，也是基层党组织的经常性工作。其主要任务有以下几个方面：

（1）发动群众，向群众宣传党的主张。党组织必须把向群众宣传党的主张作为群众工作的首要任务。要把党的方针、政策原原本本告诉群众，不允许断章取义、各取所需。通过宣传教育，把群众的思想统一到党的路线方针政策上来，把党的主张和决定变为群众的自觉行动。

（2）尊重群众，听取群众对党员和党的工作的批评意见。党组织要防止和避免工作中的失误，必须充分发扬民主，提高和加强人民群众的参政议政意识，尊重群众，经常听取群众对党员和党的工作的批评和建议。党组织的各项决策都要坚持从群众中来，到群众中去的工作方法，要切实反映群众的利益和愿望，为群众办好事、办实事，并要在工作中保护群众的积极性。

（3）依靠群众，充分发挥群众的积极性创造性。党组织在日常工作中，首先要相信群众，尊重群众在改革开放和现代化建设中的首创精神，同时要依靠群众，深入群众，和群众打成一片，虚心向群众学习，从群众实践中汲取营养和智慧，总结群众创造的新鲜经验，引导群众前进。

（4）关心群众，维护群众的正当权利和权益。这是由党的全心全意为人民服务的宗旨决定的。党组织必须坚持党的宗旨，切实担负起维护群众正当权利和权益的责任，日常工作中，要尊重和保证群众的主人翁地位，支持他们参与决策，发表意见，监督干部。对于一切侵犯群众利益的行为，都要认真加以纠正。教育党员、干部遵纪守法，廉洁奉公，关心群众生活，也是党组织群众工作的一项经常性任务。

（5）服务群众，急群众之所急，想群众之所需。党组织要坚持把服务群众作为根本价值取向，自觉把工作重心转移到服务上来，把一切为了群众、一切依靠群众的要求落实到工作各个方面，努力实现好、维护好、发展好最广大人民根本利益，使党的工作获得最广泛最可靠最牢固的群众基础。

33. 国有企业党组织开展群众工作应遵循的原则是什么？

（1）团结和依靠大多数的原则。党组织在实际工作中，要本着团结的愿望，相信和依靠大多数群众，团结他们共同完成各项任务。

（2）群众自愿的原则。党组织在做群众工作时，要采取说服的方法，而不能用强制性的方法。要深入群众，深入实际，做耐心细致的思想工作，把握群众的思想，以诚相待，使群众心情舒畅地接受和完成党的工作。

（3）倾听群众呼声的原则。党组织在工作中要善于和乐于听取群众的意见建议，体察群众的愿望和诉求，并以此为根据做好各项工作；工作中还要主动接受群众监督，让群众来评议所做的每一项工作，并不断改进工作的方式方法。

（4）虚心向群众学习的原则。群众的智慧和力量是无穷的，党组织书记要带领党员深入群众、深入实际，以甘当小学生的态度，老老实实向群众学习，时时处处见贤思齐，竭尽全力完成党交给的职责和任务。

34. 新形势下，怎样做好新兴领域党建工作？

近年来，习近平总书记对加强新兴领域党的建设多次作出重要论述和重要指示，为我们做好工作指明了方向。新形势下，要坚持以习近平新时代中国特色社会主义思想为指导，深入学习贯彻习近平总书记关于党的建设的重要思想，坚持和加强党的领导，坚持以人民为中心，坚持问题导向，突出抓好新经济组织、新社会组织、新就业群体党的建设，着力健全党的组织体系，着力强化政治引领和服务管理，着力完善党建工作体制机制，不断增强党在新兴领域的号召力凝聚力影响力。

（1）要准确把握加强新兴领域党建工作的任务要求，厘清“新”在哪里、“难”在哪里、“落”在哪里，引导促进新兴领域各类组织健康发展，引导促进新兴领域各类群体坚定不移听党话跟党走。

（2）要坚持守正创新，不断探索党建工作的思路、方法和手段，着重抓好党的组织覆盖和工作覆盖，增强党组织的政治功能和组织功能，建设过硬的党组织书记和党务工作者队伍，巩固网上阵地和网下阵地。

（3）要提高新经济组织党建工作质量，非公有制企业党建重在巩固提升，混合所有制企业党建重在分类推进。

（4）要深入推进新社会组织党建工作，理顺工作机制，加强分类指导，强化作用发挥，深化行业协会、商会党建工作和改革发展。

（5）要加强新就业群体党建工作和服务管理，坚持“管行业也要管党建”要求，抓好流动党员教育管理，加强关爱服务，落实平台企业责任和属地责任，构建和谐劳动关系，充分发挥他们在社会治理中的积极作用。

（6）要加强新兴领域党建工作的组织领导，健全工作机制，压实各方责任，强化指导保障，不断开创新兴领域党建工作新局面。

附　录

中国共产党章程

（中国共产党第二十次全国代表大会部分修改，
2022 年 10 月 22 日通过）

总　纲

中国共产党是中国工人阶级的先锋队，同时是中国人民和中华民族的先锋队，是中国特色社会主义事业的领导核心，代表中国先进生产力的发展要求，代表中国先进文化的前进方向，代表中国最广大人民的根本利益。党的最高理想和最终目标是实现共产主义。

中国共产党以马克思列宁主义、毛泽东思想、邓小平理论、“三个代表”重要思想、科学发展观、习近平新时代中国特色社会主义思想作为自己的行动指南。

马克思列宁主义揭示了人类社会历史发展的规律，它的基本原理是正确的，具有强大的生命力。中国共产党人追求的共产主义最高理想，只有在社会主义社会充分发展和高度发达的基础上才能实现。社会主义制度的发展和完善是一个长期的历史过程。坚持马克思列宁主义的基本原理，走中国人民自愿选择的适合中国国情的道路，中国的社会主义事业必将取得最终的胜利。

以毛泽东同志为主要代表的中国共产党人，把马克思列宁主义的基本原理同中国革命的具体实践结合起来，创立了毛泽东思想。毛泽东思想是马克思列宁主义在中国的运用和发展，是被实践证明了的关于中国革命和建设的正确的理论原则和经验总结，是中国共产党集体智慧的结晶。在毛泽东思想指引下，中国共产党领导全国各族人民，经过长期的反对帝国主义、封建主义、官僚资本主义的革命斗争，取得了新民主主义革命的胜利，建立了人民民主专政的中华人民共和国；新中国成立以后，顺利地进行了社会主义改造，完成了从新民主主义到社会主义的过渡，确立了社会主义基本制度，发展了社会主义的经济、政治和文化。

十一届三中全会以来，以邓小平同志为主要代表的中国共产党人，总结新中国成立以来正反两方面的经验，解放思想，实事求是，实现全党工作中心向经济建设的转移，实行改革开放，开辟了社会主义事业发展的新时期，逐步形成了建设中国特色社会主义的路线、方针、政策，阐明了在中国建设社会主义、巩固和发展社会主义的基本问题，创立了邓小平理论。邓小平理论是马克思列宁主义的基本原理同当代中国实践和时代特征相结合的产物，是毛泽东思想在新的历史条件下的继承和发展，是马克思主义在中国发展的新阶段，是当代中国的马克思主义，是中国共产党集体智慧的结晶，引导着我国社会主义现代化事业不断前进。

十三届四中全会以来，以江泽民同志为主要代表的中国共产党人，在建设中国特色社会主义的实践中，加深了对什么是社会主义、怎样建设社会主义和建设什么样的党、怎样建设党的认识，积累了治党治国新的宝贵经验，形成了“三个代表”重要思想。“三个代表”重要思想是对马克思列宁主义、毛泽东思想、邓小平理论的继承和发展，反映了当代世界和中国的发展变化对党和国家工作的新要求，是加强和改进党的建设、推进我国社会主义自我完善和发展的强大理论武器，是中国共产党集体智慧的结晶，是党必须长期坚持的指导思想。始终做到“三个代表”，是我们党的立党之本、执政之基、力量之源。

十六大以来，以胡锦涛同志为主要代表的中国共产党人，坚持以邓小平理论和“三个代表”重要思想为指导，根据新的发展要求，深刻认识和回答了新形势下实现什么样的发展、怎样发展等重大问题，形成了以人为本、全面协调可持续发展的科学发展观。科学发展观是同马克思列宁主义、毛泽东思想、邓小平理论、“三个代表”重要思想既一脉相承又与时俱进的科学理论，是马克思主义关于发展的世界观和方法论的集中体现，是马克思主义中国化重大成果，是中国共产党集体智慧的结晶，是发展中国特色社会主义必须长期坚持的指导思想。

十八大以来，以习近平同志为主要代表的中国共产党人，坚持把马克思主义基本原理同中国具体实际相结合、同中华优秀传统文化相结合，科学回答了新时代坚持和发展什么样的中国特色社会主义、怎样坚持和发展中国特色社会主义等重大时代课题，创立了习近平新时代中国特色社会主义思想。习近平新时代中国特色社会主义思想是对马克思列宁主义、毛泽东思想、邓小平理论、“三个代表”重要思想、科学发展观的继承和发展，是当代中国马克思主义、二十一世纪马克思主义，是中华文化和中国精神的时代精华，是党和人民实践经验和集体智慧的结晶，是中国特色社会主义理论体系的重要组成部分，是全党全国人民为实现中华民族伟大复兴而奋斗的行动指南，必须长期坚持并不断发展。在习近平新时代中国特色社会主义思想指导下，中国共产党领导全国各族人民，统揽伟大斗争、伟大工程、伟大事业、伟大梦想，推动中国特色社会主义进入了新时代，实现第一个百年奋斗目标，开启了实现第二个百年奋斗目标新征程。

改革开放以来我们取得一切成绩和进步的根本原因，归结起来就是：开辟了中国特色社会主义道路，形成了中国特色社会主义理论体系，确立了中国特色社会主义制度，发展了中国特色社会主义文化。全党同志要倍加珍惜、长期坚持和不断发展党历经艰辛开创的这条道路、这个理论体系、这个制度、这个文化，高举中国特色社会主义伟大旗帜，坚定道路自信、理论自信、制度自信、文化自信，发扬斗争精神，增强斗争本领，贯彻党的基本理论、基本路线、基本方略，为实现推进现代化建设、完成祖国统一、维护世界和平与促进共同发展这三大历史任务，实现第二个百年奋斗目标、实现中华民族伟大复兴的中国梦而奋斗。

中国共产党自成立以来，始终把为中国人民谋幸福、为中华民族谋复兴作为自己的初心使命，历经百年奋斗，从根本上改变了中国人民的前途命运，开辟了实现中华民族伟大复兴的正确道路，展示了马克思主义的强大生命力，深刻影响了世界历史进程，锻造了走在时代前列的中国共产党。经过长期实践，积累了坚持党的领导、坚持人民至上、坚持理论创新、坚持独立自主、坚持中国道路、坚持胸怀天下、坚持开拓创新、坚持敢于斗争、坚持统一战线、坚持自我革命的宝贵历史经验，这是党和人民共同创造的精神财富，必须倍加珍惜、长期坚持，并在实践中不断丰富和发展。

我国正处于并将长期处于社会主义初级阶段。这是在原本经济文化落后的中国建设社会主义现代化不可逾越的历史阶段，需要上百年的时间。我国的社会主义建设，必须从我国的国情出发，走中国特色社会主义道路，以中国式现代化全面推进中华民族伟大复兴。在现阶段，我国社会的主要矛盾是人民日益增长的美好生活需要和不平衡不充分的发展之间的矛盾。由于国内的因素和国际的影响，阶级斗争还在一定范围内长期存在，在某种条件下还有可能激化，但已经不是主要矛盾。我国社会主义建设的根本任务，是进一步解放生产力，发展生产力，逐步实现社会主义现代化，并且为此而改革生产关系和上层建筑中不适应生产力发展的方面和环节。必须坚持和完善公有制为主体、多种所有制经济共同发展，按劳分配为主体、多种分配方式并存，社会主义市场经济体制等基本经济制度，鼓励一部分地区和一部分人先富起来，逐步实现全体人民共同富裕，在生产发展和社会财富增长的基础上不断满足人民日益增长的美好生活需要，促进人的全面发展。发展是我们党执政兴国的第一要务。必须坚持以人民为中心的发展思想，把握新发展阶段，贯彻创新、协调、绿色、开放、共享的新发展理念，加快构建以国内大循环为主体、国内国际双循环相互促进的新发展格局，推动高质量发展。各项工作都要把有利于发展社会主义社会的生产力，有利于增强社会主义国家的综合国力，有利于提高人民的生活水平，作为总的出发点和检验标准，尊重劳动、尊重知识、尊重人才、尊重创造，做到发展为了人民、发展依靠人民、发展成果由人民共享。必须按照中国特色社会主义事业“五位一体”总体布局和“四个全面”战略布局，统筹推进经济建设、政治建设、文化建设、社会建设、生态文明建设，协调推进全面建设社会主义现代化国家、全面深化改革、全面依法治国、全面从严治党。新时代新征程，经济和社会发展的战略目标是，到二〇三五年基本实现社会主义现代化，到本世纪中叶把我国建成社会主义现代化强国。

中国共产党在社会主义初级阶段的基本路线是：领导和团结全国各族人民，以经济建设为中心，坚持四项基本原则，坚持改革开放，自力更生，艰苦创业，为把我国建设成为富强民主文明和谐美丽的社会主义现代化强国而奋斗。

中国共产党在领导社会主义事业中，必须坚持以经济建设为中心，其他各项工作都服从和服务于这个中心。要实施科教兴国战略、人才强国战略、创新驱动发展战略、乡村振兴战略、区域协调发展战略、可持续发展战略、军民融合发展战略，充分发挥科学技术作为第一生产力的作用，充分发挥人才作为第一资源的作用，充分发挥创新作为引领发展第一动力的作用，依靠科技进步，提高劳动者素质，促进国民经济更高质量、更有效率、更加公平、更可持续、更为安全发展。

坚持社会主义道路、坚持人民民主专政、坚持中国共产党的领导、坚持马克思列宁主义毛泽东思想这四项基本原则，是我们的立国之本。在社会主义现代化建设的整个过程中，必须坚持四项基本原则，反对资产阶级自由化。

坚持改革开放，是我们的强国之路。只有改革开放，才能发展中国、发展社会主义、发展马克思主义。要全面深化改革，完善和发展中国特色社会主义制度，推进国家治理体系和治理能力现代化。要从根本上改革束缚生产力发展的经济体制，坚持和完善社会主义市场经济体制；与此相适应，要进行政治体制改革和其他领域的改革。要坚持对外开放的基本国策，吸收和借鉴人类社会创造的一切文明成果。改革开放应当大胆探索，勇于开拓，提高改革决策的科学性，更加注重改革的系统性、整体性、协同性，在实践中开创新路。

中国共产党领导人民发展社会主义市场经济。毫不动摇地巩固和发展公有制经济，毫不动摇地鼓励、支持、引导非公有制经济发展。发挥市场在资源配置中的决定性作用，更好发挥政府作用，建立完善的宏观调控体系。统筹城乡发展、区域发展、经济社会发展、人与自然和谐发展、国内发展和对外开放，调整经济结构，转变经济发展方式，推进供给侧结构性改革。促进新型工业化、信息化、城镇化、农业现代化同步发展，建设社会主义新农村，走中国特色新型工业化道路，建设创新型国家和世界科技强国。

中国共产党领导人民发展社会主义民主政治。坚持党的领导、人民当家作主、依法治国有机统一，走中国特色社会主义政治发展道路、中国特色社会主义法治道路，扩大社会主义民主，建设中国特色社会主义法治体系，建设社会主义法治国家，巩固人民民主专政，建设社会主义政治文明。坚持和完善人民代表大会制度、中国共产党领导的多党合作和政治协商制度、民族区域自治制度以及基层群众自治制度。

发展更加广泛、更加充分、更加健全的全过程人民民主，推进协商民主广泛多层制度化发展，切实保障人民管理国家事务和社会事务、管理经济和文化事业的权利。尊重和保障人权。广开言路，建立健全民主选举、民主协商、民主决策、民主管理、民主监督的制度和程序。完善中国特色社会主义法律体系，加强法律实施工作，实现国家各项工作法治化。

中国共产党领导人民发展社会主义先进文化。建设社会主义精神文明，实行依法治国和以德治国相结合，提高全民族的思想道德素质和科学文化素质，为改革开放和社会主义现代化建设提供强大的思想保证、精神动力和智力支持，建设社会主义文化强国。加强社会主义核心价值体系建设，坚持马克思主义指导思想，树立中国特色社会主义共同理想，弘扬以爱国主义为核心的民族精神和以改革创新为核心的时代精神，培育和践行社会主义核心价值观，倡导社会主义荣辱观，增强民族自尊、自信和自强精神，抵御资本主义和封建主义腐朽思想的侵蚀，扫除各种社会丑恶现象，努力使我国人民成为有理想、有道德、有文化、有纪律的人民。对党员要进行共产主义远大理想教育。大力发展教育、科学、文化事业，推动中华优秀传统文化创造性转化、创新性发展，继承革命文化，发展社会主义先进文化，提高国家文化软实力。牢牢掌握意识形态工作领导权，不断巩固马克思主义在意识形态领域的指导地位，巩固全党全国人民团结奋斗的共同思想基础。

中国共产党领导人民构建社会主义和谐社会。按照民主法治、公平正义、诚信友爱、充满活力、安定有序、人与自然和谐相处的总要求和共同建设、共同享有的原则，以保障和改善民生为重点，解决好人民最关心、最直接、最现实的利益问题，使发展成果更多更公平惠及全体人民，不断增强人民群众获得感，努力形成全体人民各尽其能、各得其所而又和谐相处的局面。加强和创新社会治理。严格区分和正确处理敌我矛盾和人民内部矛盾这两类不同性质的矛盾。加强社会治安综合治理，依法坚决打击各种危害国家安全和利益、危害社会稳定和经济发展的犯罪活动和犯罪分子，保持社会长期稳定。坚持总体国家安全观，统筹发展和安全，坚决维护国家主权、安全、发展利益。

中国共产党领导人民建设社会主义生态文明。树立尊重自然、顺应自然、保护自然的生态文明理念，增强绿水青山就是金山银山的意识，坚持节约资源和保护环境的基本国策，坚持节约优先、保护优先、自然恢复为主的方针，坚持生产发展、生活富裕、生态良好的文明发展道路。着力建设资源节约型、环境友好型社会，实行最严格的生态环境保护制度，形成节约资源和保护环境的空间格局、产业结构、生产方式、生活方式，为人民创造良好生产生活环境，实现中华民族永续发展。

中国共产党坚持对人民解放军和其他人民武装力量的绝对领导，贯彻习近平强军思想，加强人民解放军的建设，坚持政治建军、改革强军、科技强军、人才强军、依法治军，建设一支听党指挥、能打胜仗、作风优良的人民军队，把人民军队建设成为世界一流军队，切实保证人民解放军有效履行新时代军队使命任务，充分发挥人民解放军在巩固国防、保卫祖国和参加社会主义现代化建设中的作用。

中国共产党维护和发展平等团结互助和谐的社会主义民族关系，积极培养、选拔少数民族干部，帮助少数民族和民族地区发展经济、文化和社会事业，铸牢中华民族共同体意识，实现各民族共同团结奋斗、共同繁荣发展。全面贯彻党的宗教工作基本方针，团结信教群众为经济社会发展作贡献。

中国共产党同全国各民族工人、农民、知识分子团结在一起，同各民主党派、无党派人士、各民族的爱国力量团结在一起，进一步发展和壮大由全体社会主义劳动者、社会主义事业的建设者、拥护社会主义的爱国者、拥护祖国统一和致力于中华民族伟大复兴的爱国者组成的最广泛的爱国统一战线。不断加强全国人民包括香港特别行政区同胞、澳门特别行政区同胞、台湾同胞和海外侨胞的团结。全面准确、坚定不移贯彻“一个国家、两种制度”的方针，促进香港、澳门长期繁荣稳定，坚决反对和遏制“台独”，完成祖国统一大业。

中国共产党坚持独立自主的和平外交政策，坚持和平发展道路，坚持互利共赢的开放战略，统筹国内国际两个大局，积极发展对外关系，努力为我国的改革开放和现代化建设争取有利的国际环境。在国际事务中，弘扬和平、发展、公平、正义、民主、自由的全人类共同价值，坚持正确义利观，维护我国的独立和主权，反对霸权主义和强权政治，维护世界和平，促进人类进步，推动构建人类命运共同体，推动建设持久和平、普遍安全、共同繁荣、开放包容、清洁美丽的世界。在互相尊重主权和领土完整、互不侵犯、互不干涉内政、平等互利、和平共处五项原则的基础上，发展我国同世界各国的关系。不断发展我国同周边国家的睦邻友好关系，加强同发展中国家的团结与合作。遵循共商共建共享原则，推进“一带一路”建设。按照独立自主、完全平等、互相尊重、互不干涉内部事务的原则，发展我党同各国共产党和其他政党的关系。

中国共产党要领导全国各族人民实现第二个百年奋斗目标、实现中华民族伟大复兴的中国梦，必须紧密围绕党的基本路线，坚持和加强党的全面领导，坚持党要管党、全面从严治党，弘扬坚持真理、坚守理想，践行初心、担当使命，不怕牺牲、英勇斗争，对党忠诚、不负人民的伟大建党精神，加强党的长期执政能力建设、先进性和纯洁性建设，以改革创新精神全面推进党的建设新的伟大工程，以党的政治建设为统领，全面推进党的政治建设、思想建设、组织建设、作风建设、纪律建设，把制度建设贯穿其中，深入推进反腐败斗争，全面提高党的建设科学化水平，以伟大自我革命引领伟大社会革命。坚持立党为公、执政为民，发扬党的优良传统和作风，不断提高党的领导水平和执政水平，提高拒腐防变和抵御风险的能力，不断增强自我净化、自我完善、自我革新、自我提高能力，不断增强党的阶级基础和扩大党的群众基础，不断提高党的创造力、凝聚力、战斗力，建设学习型、服务型、创新型的马克思主义执政党，使我们党始终走在时代前列，成为领导全国人民沿着中国特色社会主义道路不断前进的坚强核心。党的建设必须坚决实现以下六项基本要求：

第一，坚持党的基本路线。全党要用邓小平理论、“三个代表”重要思想、科学发展观、习近平新时代中国特色社会主义思想和党的基本路线统一思想，统一行动，并且毫不动摇地长期坚持下去。必须把改革开放同四项基本原则统一起来，全面落实党的基本路线，反对一切“左”的和右的错误倾向，要警惕右，但主要是防止“左”。必须提高政治判断力、政治领悟力、政治执行力，增强贯彻落实党的理论和路线方针政策的自觉性和坚定性。

第二，坚持解放思想，实事求是，与时俱进，求真务实。党的思想路线是一切从实际出发，理论联系实际，实事求是，在实践中检验真理和发展真理。全党必须坚持这条思想路线，积极探索，大胆试验，开拓创新，创造性地开展工作，不断研究新情况，总结新经验，解决新问题，在实践中丰富和发展马克思主义，推进马克思主义中国化时代化。

第三，坚持新时代党的组织路线。全面贯彻习近平新时代中国特色社会主义思想，以组织体系建设为重点，着力培养忠诚干净担当的高素质干部，着力集聚爱国奉献的各方面优秀人才，坚持德才兼备、以德为先、任人唯贤，为坚持和加强党的全面领导、坚持和发展中国特色社会主义提供坚强组织保证。全党必须增强党组织的政治功能和组织功能，培养选拔党和人民需要的好干部，培养和造就大批堪当时代重任的社会主义事业接班人，聚天下英才而用之，从组织上保证党的基本理论、基本路线、基本方略的贯彻落实。

第四，坚持全心全意为人民服务。党除了工人阶级和最广大人民群众的利益，没有自己特殊的利益。党在任何时候都把群众利益放在第一位，同群众同甘共苦，保持最密切的联系，坚持权为民所用、情为民所系、利为民所谋，不允许任何党员脱离群众，凌驾于群众之上。我们党的最大政治优势是密切联系群众，党执政后的最大危险是脱离群众。党风问题、党同人民群众联系问题是关系党生死存亡的问题。党在自己的工作中实行群众路线，一切为了群众，一切依靠群众，从群众中来，到群众中去，把党的正确主张变为群众的自觉行动。

第五，坚持民主集中制。民主集中制是民主基础上的集中和集中指导下的民主相结合。它既是党的根本组织原则，也是群众路线在党的生活中的运用。必须充分发扬党内民主，尊重党员主体地位，保障党员民主权利，发挥各级党组织和广大党员的积极性创造性。必须实行正确的集中，牢固树立政治意识、大局意识、核心意识、看齐意识，坚定维护以习近平同志为核心的党中央权威和集中统一领导，保证全党的团结统一和行动一致，保证党的决定得到迅速有效的贯彻执行。加强和规范党内政治生活，增强党内政治生活的政治性、时代性、原则性、战斗性，发展积极健康的党内政治文化，营造风清气正的良好政治生态。党在自己的政治生活中正确地开展批评和自我批评，在原则问题上进行思想斗争，坚持真理，修正错误。努力造成又有集中又有民主，又有纪律又有自由，又有统一意志又有个人心情舒畅生动活泼的政治局面。

第六，坚持从严管党治党。全面从严治党永远在路上，党的自我革命永远在路上。新形势下，党面临的执政考验、改革开放考验、市场经济考验、外部环境考验是长期的、复杂的、严峻的，精神懈怠危险、能力不足危险、脱离群众危险、消极腐败危险更加尖锐地摆在全党面前。要把严的标准、严的措施贯穿于管党治党全过程和各方面。坚持依规治党、标本兼治，不断健全党内法规体系，坚持把纪律挺在前面，加强组织性纪律性，在党的纪律面前人人平等。强化全面从严治党主体责任和监督责任，加强对党的领导机关和党员领导干部特别是主要领导干部的监督，不断完善党内监督体系。深入推进党风廉政建设和反腐败斗争，以零容忍态度惩治腐败，一体推进不敢腐、不能腐、不想腐。

中国共产党的领导是中国特色社会主义最本质的特征，是中国特色社会主义制度的最大优势，党是最高政治领导力量。党政军民学，东西南北中，党是领导一切的。党要适应改革开放和社会主义现代化建设的要求，坚持科学执政、民主执政、依法执政，加强和改善党的领导。党必须按照总揽全局、协调各方的原则，在同级各种组织中发挥领导核心作用。党必须集中精力领导经济建设，组织、协调各方面的力量，同心协力，围绕经济建设开展工作，促进经济社会全面发展。党必须实行民主的科学的决策，制定和执行正确的路线、方针、政策，做好党的组织工作和宣传教育工作，发挥全体党员的先锋模范作用。党必须在宪法和法律的范围内活动。党必须保证国家的立法、司法、行政、监察机关，经济、文化组织和人民团体积极主动地、独立负责地、协调一致地工作。党必须加强对工会、共产主义青年团、妇女联合会等群团组织的领导，使它们保持和增强政治性、先进性、群众性，充分发挥作用。党必须适应形势的发展和情况的变化，完善领导体制，改进领导方式，增强执政能力。共产党员必须同党外群众亲密合作，共同为建设中国特色社会主义而奋斗。

第一章　党　员

第一条　年满十八岁的中国工人、农民、军人、知识分子和其他社会阶层的先进分子，承认党的纲领和章程，愿意参加党的一个组织并在其中积极工作、执行党的决议和按期交纳党费的，可以申请加入中国共产党。

第二条　中国共产党党员是中国工人阶级的有共产主义觉悟的先锋战士。

中国共产党党员必须全心全意为人民服务，不惜牺牲个人的一切，为实现共产主义奋斗终身。

中国共产党党员永远是劳动人民的普通一员。除了法律和政策规定范围内的个人利益和工作职权以外，所有共产党员都不得谋求任何私利和特权。

第三条　党员必须履行下列义务：

（一）认真学习马克思列宁主义、毛泽东思想、邓小平理论、“三个代表”重要思想、科学发展观、习近平新时代中国特色社会主义思想，学习党的路线、方针、政策和决议，学习党的基本知识和党的历史，学习科学、文化、法律和业务知识，努力提高为人民服务的本领。

（二）增强“四个意识”、坚定“四个自信”、做到“两个维护”，贯彻执行党的基本路线和各项方针、政策，带头参加改革开放和社会主义现代化建设，带动群众为经济发展和社会进步艰苦奋斗，在生产、工作、学习和社会生活中起先锋模范作用。

（三）坚持党和人民的利益高于一切，个人利益服从党和人民的利益，吃苦在前，享受在后，克己奉公，多做贡献。

（四）自觉遵守党的纪律，首先是党的政治纪律和政治规矩，模范遵守国家的法律法规，严格保守党和国家的秘密，执行党的决定，服从组织分配，积极完成党的任务。

（五）维护党的团结和统一，对党忠诚老实，言行一致，坚决反对一切派别组织和小集团活动，反对阳奉阴违的两面派行为和一切阴谋诡计。

（六）切实开展批评和自我批评，勇于揭露和纠正违反党的原则的言行和工作中的缺点、错误，坚决同消极腐败现象作斗争。

（七）密切联系群众，向群众宣传党的主张，遇事同群众商量，及时向党反映群众的意见和要求，维护群众的正当利益。

（八）发扬社会主义新风尚，带头实践社会主义核心价值观和社会主义荣辱观，提倡共产主义道德，弘扬中华民族传统美德，为了保护国家和人民的利益，在一切困难和危险的时刻挺身而出，英勇斗争，不怕牺牲。

第四条　党员享有下列权利：

（一）参加党的有关会议，阅读党的有关文件，接受党的教育和培训。

（二）在党的会议上和党报党刊上，参加关于党的政策问题的讨论。

（三）对党的工作提出建议和倡议。

（四）在党的会议上有根据地批评党的任何组织和任何党员，向党负责地揭发、检举党的任何组织和任何党员违法乱纪的事实，要求处分违法乱纪的党员，要求罢免或撤换不称职的干部。

（五）行使表决权、选举权，有被选举权。

（六）在党组织讨论决定对党员的党纪处分或作出鉴定时，本人有权参加和进行申辩，其他党员可以为他作证和辩护。

（七）对党的决议和政策如有不同意见，在坚决执行的前提下，可以声明保留，并且可以把自己的意见向党的上级组织直至中央提出。

（八）向党的上级组织直至中央提出请求、申诉和控告，并要求有关组织给以负责的答复。

党的任何一级组织直至中央都无权剥夺党员的上述权利。

第五条 发展党员，必须把政治标准放在首位，经过党的支部，坚持个别吸收的原则。

申请入党的人，要填写入党志愿书，要有两名正式党员作介绍人，要经过支部大会通过和上级党组织批准，并且经过预备期的考察，才能成为正式党员。

介绍人要认真了解申请人的思想、品质、经历和工作表现，向他解释党的纲领和党的章程，说明党员的条件、义务和权利，并向党组织作出负责的报告。

党的支部委员会对申请入党的人，要注意征求党内外有关群众的意见，进行严格的审查，认为合格后再提交支部大会讨论。

上级党组织在批准申请人入党以前，要派人同他谈话，作进一步的了解，并帮助他提高对党的认识。

在特殊情况下，党的中央和省、自治区、直辖市委员会可以直接接收党员。

第六条 预备党员必须面向党旗进行入党宣誓。誓词如下：我志愿加入中国共产党，拥护党的纲领，遵守党的章程，履行党员义务，执行党的决定，严守党的纪律，保守党的秘密，对党忠诚，积极工作，为共产主义奋斗终身，随时准备为党和人民牺牲一切，永不叛党。

第七条 预备党员的预备期为一年。党组织对预备党员应当认真教育和考察。

预备党员的义务同正式党员一样。预备党员的权利，除了没有表决权、选举权和被选举权以外，也同正式党员一样。

预备党员预备期满，党的支部应当及时讨论他能否转为正式党员。认真履行党员义务，具备党员条件的，应当按期转为正式党员；需要继续考察和教育的，可以延长预备期，但不能超过一年；不履行党员义务，不具备党员条件的，应当取消预备党员资格。预备党员转为正式党员，或延长预备期，或取消预备党员资格，都应当经支部大会讨论通过和上级党组织批准。

预备党员的预备期，从支部大会通过他为预备党员之日算起。党员的党龄，从预备期满转为正式党员之日算起。

第八条 每个党员，不论职务高低，都必须编入党的一个支部、小组或其他特定组织，参加党的组织生活，接受党内外群众的监督。党员领导干部还必须参加党委、党组的民主生活会。不允许有任何不参加党的组织生活、不接受党内外群众监督的特殊党员。

第九条 党员有退党的自由。党员要求退党，应当经支部大会讨论后宣布除名，并报上级党组织备案。

党员缺乏革命意志，不履行党员义务，不符合党员条件，党的支部应当对他进行教育，要求他限期改正；经教育仍无转变的，应当劝他退党。劝党员退党，应当经支部大会讨论决定，并报上级党组织批准。如被劝告退党的党员坚持不退，应当提交支部大会讨论，决定把他除名，并报上级党组织批准。

党员如果没有正当理由，连续六个月不参加党的组织生活，或不交纳党费，或不做党所分配的工作，就被认为是自行脱党。支部大会应当决定把这样的党员除名，并报上级党组织批准。

第二章　党的组织制度

第十条　党是根据自己的纲领和章程，按照民主集中制组织起来的统一整体。党的民主集中制的基本原则是：

（一）党员个人服从党的组织，少数服从多数，下级组织服从上级组织，全党各个组织和全体党员服从党的全国代表大会和中央委员会。

（二）党的各级领导机关，除它们派出的代表机关和在非党组织中的党组外，都由选举产生。

（三）党的最高领导机关，是党的全国代表大会和它所产生的中央委员会。党的地方各级领导机关，是党的地方各级代表大会和它们所产生的委员会。党的各级委员会向同级的代表大会负责并报告工作。

（四）党的上级组织要经常听取下级组织和党员群众的意见，及时解决他们提出的问题。党的下级组织既要向上级组织请示和报告工作，又要独立负责地解决自己职责范围内的问题。上下级组织之间要互通情报、互相支持和互相监督。党的各级组织要按规定实行党务公开，使党员对党内事务有更多的了解和参与。

（五）党的各级委员会实行集体领导和个人分工负责相结合的制度。凡属重大问题都要按照集体领导、民主集中、个别酝酿、会议决定的原则，由党的委员会集体讨论，作出决定；委员会成员要根据集体的决定和分工，切实履行自己的职责。

（六）党禁止任何形式的个人崇拜。要保证党的领导人的活动处于党和人民的监督之下，同时维护一切代表党和人民利益的领导人的威信。

第十一条 党的各级代表大会的代表和委员会的产生，要体现选举人的意志。选举采用无记名投票的方式。候选人名单要由党组织和选举人充分酝酿讨论。可以直接采用候选人数多于应选人数的差额选举办法进行正式选举。也可以先采用差额选举办法进行预选，产生候选人名单，然后进行正式选举。选举人有了解候选人情况、要求改变候选人、不选任何一个候选人和另选他人的权利。任何组织和个人不得以任何方式强迫选举人选举或不选举某个人。

党的地方各级代表大会和基层代表大会的选举，如果发生违反党章的情况，上一级党的委员会在调查核实后，应作出选举无效和采取相应措施的决定，并报再上一级党的委员会审查批准，正式宣布执行。

党的各级代表大会代表实行任期制。

第十二条　党的中央和地方各级委员会在必要时召集代表会议，讨论和决定需要及时解决的重大问题。代表会议代表的名额和产生办法，由召集代表会议的委员会决定。

第十三条　凡是成立党的新组织，或是撤销党的原有组织，必须由上级党组织决定。

在党的地方各级代表大会和基层代表大会闭会期间，上级党的组织认为有必要时，可以调动或者指派下级党组织的负责人。

党的中央和地方各级委员会可以派出代表机关。

第十四条　党的中央和省、自治区、直辖市委员会实行巡视制度，在一届任期内，对所管理的地方、部门、企事业单位党组织实现巡视全覆盖。

中央有关部委和国家机关部门党组（党委）根据工作需要，开展巡视工作。

党的市（地、州、盟）和县（市、区、旗）委员会建立巡察制度。

第十五条　党的各级领导机关，对同下级组织有关的重要问题作出决定时，在通常情况下，要征求下级组织的意见。要保证下级组织能够正常行使他们的职权。凡属应由下级组织处理的问题，如无特殊情况，上级领导机关不要干预。

第十六条 有关全国性的重大政策问题，只有党中央有权作出决定，各部门、各地方的党组织可以向中央提出建议，但不得擅自作出决定和对外发表主张。

党的下级组织必须坚决执行上级组织的决定。下级组织如果认为上级组织的决定不符合本地区、本部门的实际情况，可以请求改变；如果上级组织坚持原决定，下级组织必须执行，并不得公开发表不同意见，但有权向再上一级组织报告。

党的各级组织的报刊和其他宣传工具，必须宣传党的路线、方针、政策和决议。

第十七条 党组织讨论决定问题，必须执行少数服从多数的原则。决定重要问题，要进行表决。对于少数人的不同意见，应当认真考虑。如对重要问题发生争论，双方人数接近，除了在紧急情况下必须按多数意见执行外，应当暂缓作出决定，进一步调查研究，交换意见，下次再表决；在特殊情况下，也可将争论情况向上级组织报告，请求裁决。

党员个人代表党组织发表重要主张，如果超出党组织已有决定的范围，必须提交所在的党组织讨论决定，或向上级党组织请示。任何党员不论职务高低，都不能个人决定重大问题；如遇紧急情况，必须由个人作出决定时，事后要迅速向党组织报告。不允许任何领导人实行个人专断和把个人凌驾于组织之上。

第十八条 党的中央、地方和基层组织，都必须重视党的建设，经常讨论和检查党的宣传工作、教育工作、组织工作、纪律检查工作、群众工作、统一战线工作等，注意研究党内外的思想政治状况。

第三章　党的中央组织

第十九条　党的全国代表大会每五年举行一次，由中央委员会召集。中央委员会认为有必要，或者有三分之一以上的省一级组织提出要求，全国代表大会可以提前举行；如无非常情况，不得延期举行。

全国代表大会代表的名额和选举办法，由中央委员会决定。

第二十条　党的全国代表大会的职权是：

（一）听取和审查中央委员会的报告；

（二）审查中央纪律检查委员会的报告；

（三）讨论并决定党的重大问题；

（四）修改党的章程；

（五）选举中央委员会；

（六）选举中央纪律检查委员会。

第二十一条　党的全国代表会议的职权是：讨论和决定重大问题；调整和增选中央委员会、中央纪律检查委员会的部分成员。调整和增选中央委员及候补中央委员的数额，不得超过党的全国代表大会选出的中央委员及候补中央委员各自总数的五分之一。

第二十二条 党的中央委员会每届任期五年。全国代表大会如提前或延期举行，它的任期相应地改变。中央委员会委员和候补委员必须有五年以上的党龄。中央委员会委员和候补委员的名额，由全国代表大会决定。中央委员会委员出缺，由中央委员会候补委员按照得票多少依次递补。

中央委员会全体会议由中央政治局召集，每年至少举行一次。中央政治局向中央委员会全体会议报告工作，接受监督。

在全国代表大会闭会期间，中央委员会执行全国代表大会的决议，领导党的全部工作，对外代表中国共产党。

第二十三条 党的中央政治局、中央政治局常务委员会和中央委员会总书记，由中央委员会全体会议选举。中央委员会总书记必须从中央政治局常务委员会委员中产生。

中央政治局和它的常务委员会在中央委员会全体会议闭会期间，行使中央委员会的职权。

中央书记处是中央政治局和它的常务委员会的办事机构；成员由中央政治局常务委员会提名，中央委员会全体会议通过。

中央委员会总书记负责召集中央政治局会议和中央政治局常务委员会会议，并主持中央书记处的工作。

党的中央军事委员会组成人员由中央委员会决定，中央军事委员会实行主席负责制。

每届中央委员会产生的中央领导机构和中央领导人，在下届全国代表大会开会期间，继续主持党的经常工作，直到下届中央委员会产生新的中央领导机构和中央领导人为止。

第二十四条 中国人民解放军的党组织，根据中央委员会的指示进行工作。中央军事委员会负责军队中党的工作和政治工作，对军队中党的组织体制和机构作出规定。

第四章 党的地方组织

第二十五条 党的省、自治区、直辖市的代表大会，设区的市和自治州的代表大会，县（旗）、自治县、不设区的市和市辖区的代表大会，每五年举行一次。

党的地方各级代表大会由同级党的委员会召集。在特殊情况下，经上一级委员会批准，可以提前或延期举行。

党的地方各级代表大会代表的名额和选举办法，由同级党的委员会决定，并报上一级党的委员会批准。

第二十六条 党的地方各级代表大会的职权是：

（一）听取和审查同级委员会的报告；

（二）审查同级纪律检查委员会的报告；

（三）讨论本地区范围内的重大问题并作出决议；

（四）选举同级党的委员会，选举同级党的纪律检查委员会。

第二十七条 党的省、自治区、直辖市、设区的市和自治州的委员会，每届任期五年。这些委员会的委员和候补委员必须有五年以上的党龄。

党的县（旗）、自治县、不设区的市和市辖区的委员会，每届任期五年。这些委员会的委员和候补委员必须有三年以上的党龄。

党的地方各级代表大会如提前或延期举行，由它选举的委员会的任期相应地改变。

党的地方各级委员会的委员和候补委员的名额，分别由上一级委员会决定。党的地方各级委员会委员出缺，由候补委员按照得票多少依次递补。

党的地方各级委员会全体会议，每年至少召开两次。

党的地方各级委员会在代表大会闭会期间，执行上级党组织的指示和同级党代表大会的决议，领导本地方的工作，定期向上级党的委员会报告工作。

第二十八条 党的地方各级委员会全体会议，选举常务委员会和书记、副书记，并报上级党的委员会批准。党的地方各级委员会的常务委员会，在委员会全体会议闭会期间，行使委员会职权；在下届代表大会开会期间，继续主持经常工作，直到新的常务委员会产生为止。

党的地方各级委员会的常务委员会定期向委员会全体会议报告工作，接受监督。

第二十九条 党的地区委员会和相当于地区委员会的组织，是党的省、自治区委员会在几个县、自治县、市范围内派出的代表机关。它根据省、自治区委员会的授权，领导本地区的工作。

第五章 党的基层组织

第三十条 企业、农村、机关、学校、医院、科研院所、街道社区、社会组织、人民解放军连队和其他基层单位，凡是有正式党员三人以上的，都应当成立党的基层组织。

党的基层组织，根据工作需要和党员人数，经上级党组织批准，分别设立党的基层委员会、总支部委员会、支部委员会。基层委员会由党员大会或代表大会选举产生，总支部委员会和支部委员会由党员大会选举产生，提出委员候选人要广泛征求党员和群众的意见。

第三十一条 党的基层委员会、总支部委员会、支部委员会每届任期三年至五年。基层委员会、总支部委员会、支部委员会的书记、副书记选举产生后，应报上级党组织批准。

第三十二条 党的基层组织是党在社会基层组织中的战斗堡垒，是党的全部工作和战斗力的基础。它的基本任务是:

（一）宣传和执行党的路线、方针、政策，宣传和执行党中央、上级组织和本组织的决议，充分发挥党员的先锋模范作用，积极创先争优，团结、组织党内外的干部和群众，努力完成本单位所担负的任务。

（二）组织党员认真学习马克思列宁主义、毛泽东思想、邓小平理论、“三个代表”重要思想、科学发展观、习近平新时代中国特色社会主义思想，推进“两学一做”学习教育、党史学习教育常态化制度化，学习党的路线、方针、政策和决议，学习党的基本知识，学习科学、文化、法律和业务知识。

（三）对党员进行教育、管理、监督和服务，提高党员素质，坚定理想信念，增强党性，严格党的组织生活，开展批评和自我批评，维护和执行党的纪律，监督党员切实履行义务，保障党员的权利不受侵犯。加强和改进流动党员管理。

（四）密切联系群众，经常了解群众对党员、党的工作的批评和意见，维护群众的正当权利和利益，做好群众的思想政治工作。

（五）充分发挥党员和群众的积极性创造性，发现、培养和推荐他们中间的优秀人才，鼓励和支持他们在改革开放和社会主义现代化建设中贡献自己的聪明才智。

（六）对要求入党的积极分子进行教育和培养，做好经常性的发展党员工作，重视在生产、工作第一线和青年中发展党员。

（七）监督党员干部和其他任何工作人员严格遵守国家法律法规，严格遵守国家的财政经济法规和人事制度，不得侵占国家、集体和群众的利益。

（八）教育党员和群众自觉抵制不良倾向，坚决同各种违纪违法行为作斗争。

第三十三条 街道、乡、镇党的基层委员会和村、社区党组织，统一领导本地区基层各类组织和各项工作，加强基层社会治理，支持和保证行政组织、经济组织和群众性自治组织充分行使职权。

国有企业党委（党组）发挥领导作用，把方向、管大局、保落实，依照规定讨论和决定企业重大事项。国有企业和集体企业中党的基层组织，围绕企业生产经营开展工作。保证监督党和国家的方针、政策在本企业的贯彻执行；支持股东会、董事会、监事会和经理（厂长）依法行使职权；全心全意依靠职工群众，支持职工代表大会开展工作；参与企业重大问题的决策；加强党组织的自身建设，领导思想政治工作、精神文明建设、统一战线工作和工会、共青团、妇女组织等群团组织。

非公有制经济组织中党的基层组织，贯彻党的方针政策，引导和监督企业遵守国家的法律法规，领导工会、共青团等群团组织，团结凝聚职工群众，维护各方的合法权益，促进企业健康发展。

社会组织中党的基层组织，宣传和执行党的路线、方针、政策，领导工会、共青团等群团组织，教育管理党员，引领服务群众，推动事业发展。

实行行政领导人负责制的事业单位中党的基层组织，发挥战斗堡垒作用。实行党委领导下的行政领导人负责制的事业单位中党的基层组织，对重大问题进行讨论和作出决定，同时保证行政领导人充分行使自己的职权。

各级党和国家机关中党的基层组织，协助行政负责人完成任务，改进工作，对包括行政负责人在内的每个党员进行教育、管理、监督，不领导本单位的业务工作。

第三十四条　党支部是党的基础组织，担负直接教育党员、管理党员、监督党员和组织群众、宣传群众、凝聚群众、服务群众的职责。

第六章　党的干部

第三十五条　党的干部是党的事业的骨干，是人民的公仆，要做到忠诚干净担当。党按照德才兼备、以德为先的原则选拔干部，坚持五湖四海、任人唯贤，坚持事业为上、公道正派，反对任人唯亲，努力实现干部队伍的革命化、年轻化、知识化、专业化。

党重视教育、培训、选拔、考核和监督干部，特别是培养、选拔优秀年轻干部。积极推进干部制度改革。

党重视培养、选拔女干部和少数民族干部。

第三十六条　党的各级领导干部必须信念坚定、为民服务、勤政务实、敢于担当、清正廉洁，模范地履行本章程第三条所规定的党员的各项义务，并且必须具备以下的基本条件：

（一）具有履行职责所需要的马克思列宁主义、毛泽东思想、邓小平理论、“三个代表”重要思想、科学发展观的水平，带头贯彻落实习近平新时代中国特色社会主义思想，努力用马克思主义的立场、观点、方法分析和解决实际问题，坚持讲学习、讲政治、讲正气，经得起各种风浪的考验。

（二）具有共产主义远大理想和中国特色社会主义坚定信念，坚决执行党的基本路线和各项方针、政策，立志改革开放，献身现代化事业，在社会主义建设中艰苦创业，树立正确政绩观，做出经得起实践、人民、历史检验的实绩。

（三）坚持解放思想，实事求是，与时俱进，开拓创新，认真调查研究，能够把党的方针、政策同本地区、本部门的实际相结合，卓有成效地开展工作，讲实话，办实事，求实效。

（四）有强烈的革命事业心和政治责任感，有实践经验，有胜任领导工作的组织能力、文化水平和专业知识。

（五）正确行使人民赋予的权力，坚持原则，依法办事，清正廉洁，勤政为民，以身作则，艰苦朴素，密切联系群众，坚持党的群众路线，自觉地接受党和群众的批评和监督，加强道德修养，讲党性、重品行、作表率，做到自重、自省、自警、自励，反对形式主义、官僚主义、享乐主义和奢靡之风，反对特权思想和特权现象，反对任何滥用职权、谋求私利的行为。

（六）坚持和维护党的民主集中制，有民主作风，有全局观念，善于团结同志，包括团结同自己有不同意见的同志一道工作。

第三十七条 党员干部要善于同党外干部合作共事，尊重他们，虚心学习他们的长处。

党的各级组织要善于发现和推荐有真才实学的党外干部担任领导工作，保证他们有职有权，充分发挥他们的作用。

第三十八条 党的各级领导干部，无论是由民主选举产生的，或是由领导机关任命的，他们的职务都不是终身的，都可以变动或解除。

年龄和健康状况不适宜于继续担任工作的干部，应当按照国家的规定退、离休。

第七章 党的纪律

第三十九条 党的纪律是党的各级组织和全体党员必须遵守的行为规则，是维护党的团结统一、完成党的任务的保证。党组织必须严格执行和维护党的纪律，共产党员必须自觉接受党的纪律的约束。

第四十条 党的纪律主要包括政治纪律、组织纪律、廉洁纪律、群众纪律、工作纪律、生活纪律。

坚持惩前毖后、治病救人，执纪必严、违纪必究，抓早抓小、防微杜渐，按照错误性质和情节轻重，给以批评教育、责令检查、诫勉直至纪律处分。运用监督执纪“四种形态”，让“红红脸、出出汗”成为常态，党纪处分、组织调整成为管党治党的重要手段，严重违纪、严重触犯刑律的党员必须开除党籍。

党内严格禁止用违反党章和国家法律的手段对待党员，严格禁止打击报复和诬告陷害。违反这些规定的组织或个人必须受到党的纪律和国家法律的追究。

第四十一条 对党员的纪律处分有五种：警告、严重警告、撤销党内职务、留党察看、开除党籍。

留党察看最长不超过两年。党员在留党察看期间没有表决权、选举权和被选举权。党员经过留党察看，确已改正错误的，应当恢复其党员的权利；坚持错误不改的，应当开除党籍。

开除党籍是党内的最高处分。各级党组织在决定或批准开除党员党籍的时候，应当全面研究有关的材料和意见，采取十分慎重的态度。

第四十二条 对党员的纪律处分，必须经过支部大会讨论决定，报党的基层委员会批准；如果涉及的问题比较重要或复杂，或给党员以开除党籍的处分，应分别不同情况，报县级或县级以上党的纪律检查委员会审查批准。在特殊情况下，县级和县级以上各级党的委员会和纪律检查委员会有权直接决定给党员以纪律处分。

对党的中央委员会委员、候补委员，给以警告、严重警告处分，由中央纪律检查委员会常务委员会审议后，报党中央批准。对地方各级党的委员会委员、候补委员，给以警告、严重警告处分，应由上一级纪律检查委员会批准，并报它的同级党的委员会备案。

对党的中央委员会和地方各级委员会的委员、候补委员，给以撤销党内职务、留党察看或开除党籍的处分，必须由本人所在的委员会全体会议三分之二以上的多数决定。在全体会议闭会期间，可以先由中央政治局和地方各级委员会常务委员会作出处理决定，待召开委员会全体会议时予以追认。对地方各级委员会委员和候补委员的上述处分，必须经过上级纪律检查委员会常务委员会审议，由这一级纪律检查委员会报同级党的委员会批准。

严重触犯刑律的中央委员会委员、候补委员，由中央政治局决定开除其党籍；严重触犯刑律的地方各级委员会委员、候补委员，由同级委员会常务委员会决定开除其党籍。

第四十三条　党组织对党员作出处分决定，应当实事求是地查清事实。处分决定所依据的事实材料和处分决定必须同本人见面，听取本人说明情况和申辩。如果本人对处分决定不服，可以提出申诉，有关党组织必须负责处理或者迅速转递，不得扣压。对于确属坚持错误意见和无理要求的人，要给以批评教育。

第四十四条 党组织如果在维护党的纪律方面失职，必须问责。

对于严重违犯党的纪律、本身又不能纠正的党组织，上一级党的委员会在查明核实后，应根据情节严重的程度，作出进行改组或予以解散的决定，并报再上一级党的委员会审查批准，正式宣布执行。

第八章 党的纪律检查机关

第四十五条 党的中央纪律检查委员会在党的中央委员会领导下进行工作。党的地方各级纪律检查委员会和基层纪律检查委员会在同级党的委员会和上级纪律检查委员会双重领导下进行工作。上级党的纪律检查委员会加强对下级纪律检查委员会的领导。

党的各级纪律检查委员会每届任期和同级党的委员会相同。

党的中央纪律检查委员会全体会议，选举常务委员会和书记、副书记，并报党的中央委员会批准。党的地方各级纪律检查委员会全体会议，选举常务委员会和书记、副书记，并由同级党的委员会通过，报上级党的委员会批准。党的基层委员会是设立纪律检查委员会，还是设立纪律检查委员，由它的上一级党组织根据具体情况决定。党的总支部委员会和支部委员会设纪律检查委员。

党的中央和地方纪律检查委员会向同级党和国家机关全面派驻党的纪律检查组，按照规定向有关国有企业、事业单位派驻党的纪律检查组。纪律检查组组长参加驻在单位党的领导组织的有关会议。他们的工作必须受到该单位党的领导组织的支持。

第四十六条 党的各级纪律检查委员会是党内监督专责机关，主要任务是：维护党的章程和其他党内法规，检查党的路线、方针、政策和决议的执行情况，协助党的委员会推进全面从严治党、加强党风建设和组织协调反腐败工作，推动完善党和国家监督体系。

党的各级纪律检查委员会的职责是监督、执纪、问责，要经常对党员进行遵守纪律的教育，作出关于维护党纪的决定；对党的组织和党员领导干部履行职责、行使权力进行监督，受理处置党员群众检举举报，开展谈话提醒、约谈函询；检查和处理党的组织和党员违反党的章程和其他党内法规的比较重要或复杂的案件，决定或取消对这些案件中的党员的处分；进行问责或提出责任追究的建议；受理党员的控告和申诉；保障党员的权利。

各级纪律检查委员会要把处理特别重要或复杂的案件中

的问题和处理的结果，向同级党的委员会报告。党的地方各级纪律检查委员会和基层纪律检查委员会要同时向上级纪律检查委员会报告。

各级纪律检查委员会发现同级党的委员会委员有违犯党的纪律的行为，可以先进行初步核实，如果需要立案检查的，应当在向同级党的委员会报告的同时向上一级纪律检查委员会报告；涉及常务委员的，报告上一级纪律检查委员会，由上一级纪律检查委员会进行初步核实，需要审查的，由上一级纪律检查委员会报它的同级党的委员会批准。

第四十七条 上级纪律检查委员会有权检查下级纪律检查委员会的工作，并且有权批准和改变下级纪律检查委员会对于案件所作的决定。如果所要改变的该下级纪律检查委员会的决定，已经得到它的同级党的委员会的批准，这种改变必须经过它的上一级党的委员会批准。

党的地方各级纪律检查委员会和基层纪律检查委员会如果对同级党的委员会处理案件的决定有不同意见，可以请求上一级纪律检查委员会予以复查；如果发现同级党的委员会或它的成员有违犯党的纪律的情况，在同级党的委员会不给予解决或不给予正确解决的时候，有权向上级纪律检查委员会提出申诉，请求协助处理。

第九章 党 组

第四十八条 在中央和地方国家机关、人民团体、经济组织、文化组织和其他非党组织的领导机关中，可以成立党组。党组发挥领导作用。党组的任务，主要是负责贯彻执行党的路线、方针、政策；加强对本单位党的建设的领导，履行全面从严治党责任；讨论和决定本单位的重大问题；做好干部管理工作；讨论和决定基层党组织设置调整和发展党员、处分党员等重要事项；团结党外干部和群众，完成党和国家交给的任务；领导机关和直属单位党组织的工作。

第四十九条 党组的成员，由批准成立党组的党组织决定。党组设书记，必要时还可以设副书记。

党组必须服从批准它成立的党组织领导。

第五十条 在对下属单位实行集中统一领导的国家工作部门和有关单位的领导机关中，可以建立党委，党委的产生办法、职权和工作任务，由中央另行规定。

第十章 党和共产主义青年团的关系

第五十一条 中国共产主义青年团是中国共产党领导的先进青年的群团组织，是广大青年在实践中学习中国特色社会主义和共产主义的学校，是党的助手和后备军。共青团中央委员会受党中央委员会领导。共青团的地方各级组织受同级党的委员会领导，同时受共青团上级组织领导。

第五十二条 党的各级委员会要加强对共青团的领导，注意团的干部的选拔和培训。党要坚决支持共青团根据广大青年的特点和需要，生动活泼地、富于创造性地进行工作，充分发挥团的突击队作用和联系广大青年的桥梁作用。

团的县级和县级以下各级委员会书记，企业事业单位的团委员会书记，是党员的，可以列席同级党的委员会和常务委员会的会议。

第十一章 党徽党旗

第五十三条 中国共产党党徽为镰刀和锤头组成的图案。

第五十四条 中国共产党党旗为旗面缀有金黄色党徽图案的红旗。

第五十五条 中国共产党的党徽党旗是中国共产党的象征和标志。党的各级组织和每一个党员都要维护党徽党旗的尊严。要按照规定制作和使用党徽党旗。

中国共产党纪律处分条例

（2003 年 12 月 23 日中共中央政治局会议审议批准　2003 年 12 月 31 日中共中央发布　2023 年 12 月 8 日中共中央政治局会议第三次修订　2023 年 12 月 19 日中共中央发布）

第一编　总　则

第一章　总体要求和适用范围

第一条　为了维护党章和其他党内法规，严肃党的纪律，纯洁党的组织，保障党员民主权利，教育党员遵纪守法，维护党的团结统一，保证党的理论、路线、方针、政策、决议和国家法律法规的贯彻执行，根据《中国共产党章程》，制定本条例。

第二条　党的纪律建设必须坚持以马克思列宁主义、毛泽东思想、邓小平理论、“三个代表”重要思想、科学发展观、习近平新时代中国特色社会主义思想为指导，坚持和加强党的全面领导，坚决维护习近平总书记党中央的核心、全党的核心地位，坚决维护以习近平同志为核心的党中央权威和集中统一领导，弘扬伟大建党精神，坚持自我革命，贯彻全面从严治党战略方针，落实新时代党的建设总要求，推动解决大党独有难题、健全全面从严治党体系，全面加强党的纪律建设，为以中国式现代化全面推进强国建设、民族复兴伟业提供坚强纪律保障。

第三条 党章是最根本的党内法规，是管党治党的总规矩。党的纪律是党的各级组织和全体党员必须遵守的行为规则。党组织和党员必须坚守初心使命，牢固树立政治意识、大局意识、核心意识、看齐意识，始终坚定道路自信、理论自信、制度自信、文化自信，切实践行正确的权力观、政绩观、事业观，自觉遵守和维护党章，严格执行和维护党的纪律，自觉接受党的纪律约束，模范遵守国家法律法规。

第四条 党的纪律处分工作遵循下列原则：

（一）坚持党要管党、全面从严治党。把严的基调、严的措施、严的氛围长期坚持下去，加强对党的各级组织和全体党员的教育、管理和监督，把纪律挺在前面，抓早抓小、防微杜渐。

（二）党纪面前一律平等。对违犯党纪的党组织和党员必须严肃、公正执行纪律，党内不允许有任何不受纪律约束的党组织和党员。

（三）实事求是。对党组织和党员违犯党纪的行为，应当以事实为依据，以党章、其他党内法规和国家法律法规为准绳，执纪执法贯通，准确认定行为性质，区别不同情况，恰当予以处理。

（四）民主集中制。实施党纪处分，应当按照规定程序经党组织集体讨论决定，不允许任何个人或者少数人擅自决定和批准。上级党组织对违犯党纪的党组织和党员作出的处理决定，下级党组织必须执行。

（五）惩前毖后、治病救人。处理违犯党纪的党组织和党员，应当实行惩戒与教育相结合，做到宽严相济。

第五条 深化运用监督执纪“四种形态”，经常开展批评和自我批评，及时进行谈话提醒、批评教育、责令检查、诫勉，让“红红脸、出出汗”成为常态；党纪轻处分、组织调整成为违纪处理的大多数；党纪重处分、重大职务调整的成为少数；严重违纪涉嫌犯罪追究刑事责任的成为极少数。

第六条 本条例适用于违犯党纪应当受到党纪责任追究的党组织和党员。

第二章 违纪与纪律处分

第七条 党组织和党员违反党章和其他党内法规，违反国家法律法规，违反党和国家政策，违反社会主义道德，危害党、国家和人民利益的行为，依照规定应当给予纪律处理或者处分的，都必须受到追究。

重点查处党的十八大以来不收敛、不收手，问题线索反映集中、群众反映强烈，政治问题和经济问题交织的腐败案件，违反中央八项规定精神的问题。

第八条 对党员的纪律处分种类：

（一）警告；

（二）严重警告；

（三）撤销党内职务；

（四）留党察看；

（五）开除党籍。

第九条 对于违犯党纪的党组织，上级党组织应当责令其作出书面检查或者给予通报批评。对于严重违犯党纪、本身又不能纠正的党组织，上一级党的委员会在查明核实后，根据情节严重的程度，可以予以：

（一）改组；

（二）解散。

第十条 党员受到警告处分一年内、受到严重警告处分一年半内，不得在党内提拔职务或者进一步使用，也不得向党外组织推荐担任高于其原任职务的党外职务或者进一步使用。

第十一条 撤销党内职务处分，是指撤销受处分党员由党内选举或者组织任命的党内职务。对于在党内担任两个以上职务的，党组织在作处分决定时，应当明确是撤销其一切职务还是一个或者几个职务。如果决定撤销其一个职务，必须撤销其担任的最高职务。如果决定撤销其两个以上职务，则必须从其担任的最高职务开始依次撤销。对于在党外组织担任职务的，应当建议党外组织撤销其党外职务。

对于在立案审查中因涉嫌违犯党纪被免职的党员，审查后依照本条例规定应当给予撤销党内职务处分的，应当按照其原任职务给予撤销党内职务处分。对于应当受到撤销党内职务处分，但是本人没有担任党内职务的，应当给予其严重警告处分。同时，在党外组织担任职务的，应当建议党外组织撤销其党外职务。

党员受到撤销党内职务处分，或者依照前款规定受到严重警告处分的，二年内不得在党内担任和向党外组织推荐担任与其原任职务相当或者高于其原任职务的职务。

第十二条　留党察看处分，分为留党察看一年、留党察看二年。对于受到留党察看处分一年的党员，期满后仍不符合恢复党员权利条件的，应当延长一年留党察看期限。留党察看期限最长不得超过二年。

党员受留党察看处分期间，没有表决权、选举权和被选举权。留党察看期间，确有悔改表现的，期满后恢复其党员权利；坚持不改或者又发现其他应当受到党纪处分的违纪行为的，应当开除党籍。

党员受到留党察看处分，其党内职务自然撤销。对于担任党外职务的，应当建议党外组织撤销其党外职务。受到留党察看处分的党员，恢复党员权利后二年内，不得在党内担任和向党外组织推荐担任与其原任职务相当或者高于其原任职务的职务。

第十三条 党员受到开除党籍处分，五年内不得重新入党，也不得推荐担任与其原任职务相当或者高于其原任职务的党外职务。另有规定不准重新入党的，依照规定。

第十四条 党员干部受到党纪处分，需要同时进行组织处理的，党组织应当按照规定给予组织处理。

党的各级代表大会的代表受到留党察看以上处分的，党组织应当终止其代表资格。

第十五条 对于受到改组处理的党组织领导机构成员，除应当受到撤销党内职务以上处分的外，均自然免职。

第十六条 对于受到解散处理的党组织中的党员，应当逐个审查。其中，符合党员条件的，应当重新登记，并参加新的组织过党的生活；不符合党员条件的，应当对其进行教育、限期改正，经教育仍无转变的，予以劝退或者除名；有违纪行为的，依照规定予以追究。

第三章　纪律处分运用规则

第十七条 有下列情形之一的，可以从轻或者减轻处分：

（一）主动交代本人应当受到党纪处分的问题；

（二）在组织谈话函询、初步核实、立案审查过程中，能够配合核实审查工作，如实说明本人违纪违法事实；

（三）检举同案人或者其他人应当受到党纪处分或者法律追究的问题，经查证属实，或者有其他立功表现；

（四）主动挽回损失、消除不良影响或者有效阻止危害结果发生；

（五）主动上交或者退赔违纪所得；

（六）党内法规规定的其他从轻或者减轻处分情形。

第十八条 根据案件的特殊情况，由中央纪委决定或者经省（部）级纪委（不含副省级市纪委）决定并呈报中央纪委批准，对违纪党员也可以在本条例规定的处分幅度以外减轻处分。

第十九条 对于党员违犯党纪应当给予警告或者严重警告处分，但是具有本条例第十七条规定的情形之一或者本条例分则中另有规定的，可以给予批评教育、责令检查、诫勉或者组织处理，免予党纪处分。对违纪党员免予处分，应当作出书面结论。

党员有作风纪律方面的苗头性、倾向性问题或者违犯党纪情节轻微的，可以给予谈话提醒、批评教育、责令检查等，或者予以诫勉，不予党纪处分。

党员行为虽然造成损失或者后果，但不是出于故意或者过失，而是由于不可抗力等原因所引起的，不追究党纪责任。

第二十条 有下列情形之一的，应当从重或者加重处分：

（一）强迫、唆使他人违纪；

（二）拒不上交或者退赔违纪所得；

（三）违纪受处分后又因故意违纪应当受到党纪处分；

（四）违纪受处分后，又被发现其受处分前没有交代的其他应当受到党纪处分的问题；

（五）党内法规规定的其他从重或者加重处分情形。

第二十一条　党员在党纪处分影响期内又受到党纪处分的，其影响期为原处分尚未执行的影响期与新处分影响期之和。

第二十二条　从轻处分，是指在本条例规定的违纪行为应当受到的处分幅度以内，给予较轻的处分。

从重处分，是指在本条例规定的违纪行为应当受到的处分幅度以内，给予较重的处分。

第二十三条　减轻处分，是指在本条例规定的违纪行为应当受到的处分幅度以外，减轻一档给予处分。

加重处分，是指在本条例规定的违纪行为应当受到的处分幅度以外，加重一档给予处分。

本条例规定的只有开除党籍处分一个档次的违纪行为，不适用第一款减轻处分的规定。

第二十四条　一人有本条例规定的两种以上应当受到党纪处分的违纪行为，应当合并处理，按其数种违纪行为中应当受到的最高处分加重一档给予处分；其中一种违纪行为应当受到开除党籍处分的，应当给予开除党籍处分。

第二十五条　一个违纪行为同时触犯本条例两个以上条款的，依照处分较重的条款定性处理。

一个条款规定的违纪构成要件全部包含在另一个条款规定的违纪构成要件中，特别规定与一般规定不一致的，适用特别规定。

第二十六条 二人以上共同故意违纪的，对为首者，从重处分，本条例另有规定的除外；对其他成员，按照其在共同违纪中所起的作用和应负的责任，分别给予处分。

对于经济方面共同违纪的，按照个人参与数额及其所起作用，分别给予处分。对共同违纪的为首者，情节严重的，按照共同违纪的总数额处分。

教唆他人违纪的，应当按照其在共同违纪中所起的作用追究党纪责任。

第二十七条 党组织领导机构集体作出违犯党纪的决定或者实施其他违犯党纪的行为，对具有共同故意的成员，按共同违纪处理；对过失违纪的成员，按照各自在集体违纪中所起的作用和应负的责任分别给予处分。

第四章 对违法犯罪党员的纪律处分

第二十八条 对违法犯罪的党员，应当按照规定给予党纪处分，做到适用纪律和适用法律有机融合，党纪政务等处分相匹配。

第二十九条 党组织在纪律审查中发现党员有贪污贿赂、滥用职权、玩忽职守、权力寻租、利益输送、徇私舞弊、浪费国家资财等违反法律涉嫌犯罪行为的，应当给予撤销党内职务、留党察看或者开除党籍处分。

第三十条 党组织在纪律审查中发现党员有刑法规定的行为，虽不构成犯罪但须追究党纪责任的，或者有其他破坏社会主义市场经济秩序、违反治安管理等违法行为，损害党、国家和人民利益的，应当视具体情节给予警告直至开除党籍处分。

违反国家财经纪律，在公共资金收支、税务管理、国有资产管理、政府采购管理、金融管理、财务会计管理等财经活动中有违法行为的，依照前款规定处理。

党员有嫖娼或者吸食、注射毒品等丧失党员条件，严重败坏党的形象行为的，应当给予开除党籍处分。

第三十一条 党组织在纪律审查中发现党员严重违纪涉嫌违法犯罪的，原则上先作出党纪处分决定，并按照规定由监察机关给予政务处分或者由任免机关（单位）给予处分后，再移送有关国家机关依法处理。

第三十二条 党员被依法留置、逮捕的，党组织应当按照管理权限中止其表决权、选举权和被选举权等党员权利。根据监察机关、司法机关处理结果，可以恢复其党员权利的，应当及时予以恢复。

第三十三条 党员犯罪情节轻微，人民检察院依法作出不起诉决定的，或者人民法院依法作出有罪判决并免予刑事处罚的，应当给予撤销党内职务、留党察看或者开除党籍处分。

党员犯罪，被单处罚金的，依照前款规定处理。

第三十四条　党员犯罪，有下列情形之一的，应当给予开除党籍处分：

（一）因故意犯罪被依法判处刑法规定的主刑（含宣告缓刑）；

（二）被单处或者附加剥夺政治权利；

（三）因过失犯罪，被依法判处三年以上（不含三年）有期徒刑。

因过失犯罪被判处三年以下有期徒刑或者被判处管制、拘役的，一般应当开除党籍。对于个别可以不开除党籍的，应当对照处分违纪党员批准权限的规定，报请再上一级党组织批准。

第三十五条　党员依法受到刑事责任追究的，党组织应当根据司法机关的生效判决、裁定、决定及其认定的事实、性质和情节，依照本条例规定给予党纪处分，是公职人员的由监察机关给予相应政务处分或者由任免机关（单位）给予相应处分。

党员依法受到政务处分、任免机关（单位）给予的处分、行政处罚，应当追究党纪责任的，党组织可以根据生效的处分、行政处罚决定认定的事实、性质和情节，经核实后依照规定给予相应党纪处分或者组织处理。其中，党员依法受到撤职以上处分的，应当依照本条例规定给予撤销党内职务以上处分。

党员违反国家法律法规、企事业单位或者其他社会组织的规章制度受到其他处分，应当追究党纪责任的，党组织在对有关方面认定的事实、性质和情节进行核实后，依照规定给予相应党纪处分或者组织处理。

党组织作出党纪处分或者组织处理决定后，监察机关、司法机关、行政机关等依法改变原生效判决、裁定、决定等，对原党纪处分或者组织处理决定产生影响的，党组织应当根据改变后的生效判决、裁定、决定等重新作出相应处理。

第五章　其他规定

第三十六条　预备党员违犯党纪，情节较轻，可以保留预备党员资格的，党组织应当对其批评教育或者延长预备期；情节较重的，应当取消其预备党员资格。

第三十七条　对违纪后下落不明的党员，应当区别情况作出处理：

（一）对有严重违纪行为，应当给予开除党籍处分的，党组织应当作出决定，开除其党籍；

（二）除前项规定的情况外，下落不明时间超过六个月的，党组织应当按照党章规定对其予以除名。

第三十八条 违纪党员在党组织作出处分决定前死亡，或者在死亡之后发现其曾有严重违纪行为，对于应当给予开除党籍处分的，开除其党籍；对于应当给予留党察看以下处分的，作出违犯党纪的书面结论和相应处理。

第三十九条 违纪行为有关责任人员的区分：

（一）直接责任者，是指在其职责范围内，不履行或者不正确履行自己的职责，对造成的损失或者后果起决定性作用的党员或者党员领导干部；

（二）主要领导责任者，是指在其职责范围内，对主管的工作不履行或者不正确履行职责，对造成的损失或者后果负直接领导责任的党员领导干部；

（三）重要领导责任者，是指在其职责范围内，对应管的工作或者参与决定的工作不履行或者不正确履行职责，对造成的损失或者后果负次要领导责任的党员领导干部。

本条例所称领导责任者，包括主要领导责任者和重要领导责任者。

第四十条 本条例所称主动交代，是指涉嫌违纪的党员在组织谈话函询、初步核实前向有关组织交代自己的问题，或者在谈话函询、初步核实和立案审查期间交代组织未掌握的问题。

第四十一条 担任职级、单独职务序列等级的党员干部违犯党纪受到处分，需要对其职级、单独职务序列等级进行调整的，参照本条例关于党外职务的规定执行。

第四十二条 计算经济损失应当计算立案时已经实际造成的全部财产损失，包括为挽回违纪行为所造成损失而支付的各种开支、费用。立案后至处理前持续发生的经济损失，应当一并计算在内。

第四十三条 对于违纪行为所获得的经济利益，应当收缴或者责令退赔。对于主动上交的违纪所得和经济损失赔偿，应当予以接收，并按照规定收缴或者返还有关单位、个人。

对于违纪行为所获得的职务、职级、职称、学历、学位、奖励、资格等其他利益，应当由承办案件的纪检机关或者由其上级纪检机关建议有关组织、部门、单位按照规定予以纠正。

对于依照本条例第三十七条、第三十八条规定处理的党员，经调查确属其实施违纪行为获得的利益，依照本条规定处理。

第四十四条 党纪处分决定作出后，应当在一个月内向受处分党员所在党的基层组织中的全体党员及其本人宣布，是领导班子成员的还应当向所在党组织领导班子宣布，并按照干部管理权限和组织关系将处分决定材料归入受处分者档案；对于受到撤销党内职务以上处分的，还应当在一个月内办理职务、工资、工作及其他有关待遇等相应变更手续；涉及撤销或者调整其党外职务的，应当建议党外组织及时撤销或者调整其党外职务。特殊情况下，经作出或者批准作出处分决定的组织批准，可以适当延长办理期限。办理期限最长不得超过六个月。

第四十五条 执行党纪处分决定的机关或者受处分党员所在单位，应当在六个月内将处分决定的执行情况向作出或者批准处分决定的机关报告。

党员对所受党纪处分不服的，可以依照党章及有关规定提出申诉。

第四十六条 党员因违犯党纪受到处分，影响期满后，党组织无需取消对其的处分。

第四十七条 本条例所称以上、以下，除有特别标明外均含本级、本数。

第四十八条 本条例总则适用于有党纪处分规定的其他党内法规，但是中共中央发布或者批准发布的其他党内法规有特别规定的除外。

第二编 分 则

第六章 对违反政治纪律行为的处分

第四十九条 在重大原则问题上不同党中央保持一致且有实际言论、行为或者造成不良后果的，给予警告或者严重警告处分；情节较重的，给予撤销党内职务或者留党察看处分；情节严重的，给予开除党籍处分。

第五十条 通过网络、广播、电视、报刊、传单、书籍等，或者利用讲座、论坛、报告会、座谈会等方式，公开发表坚持资产阶级自由化立场、反对四项基本原则，反对党的改革开放决策的文章、演说、宣言、声明等的，给予开除党籍处分。

发布、播出、刊登、出版前款所列文章、演说、宣言、声明等或者为上述行为提供方便条件的，对直接责任者和领导责任者，给予严重警告或者撤销党内职务处分；情节严重的，给予留党察看或者开除党籍处分。

第五十一条 通过网络、广播、电视、报刊、传单、书籍等，或者利用讲座、论坛、报告会、座谈会等方式，有下列行为之一，情节较轻的，给予警告或者严重警告处分；情节较重的，给予撤销党内职务或者留党察看处分；情节严重的，给予开除党籍处分：

（一）公开发表违背四项基本原则，违背、歪曲党的改革开放决策，或者其他有严重政治问题的文章、演说、宣言、声明等；

（二）妄议党中央大政方针，破坏党的集中统一；

（三）丑化党和国家形象，或者诋毁、诬蔑党和国家领导人、英雄模范，或者歪曲党的历史、中华人民共和国历史、人民军队历史。

发布、播出、刊登、出版前款所列内容或者为上述行为提供方便条件的，对直接责任者和领导责任者，给予严重警告或者撤销党内职务处分；情节严重的，给予留党察看或者开除党籍处分。

第五十二条 制作、贩卖、传播第五十条、第五十一条所列内容之一的报刊、书籍、音像制品、电子读物，以及网络文本、图片、音频、视频资料等，情节较轻的，给予警告或者严重警告处分；情节较重的，给予撤销党内职务或者留党察看处分；情节严重的，给予开除党籍处分。

私自携带、寄递第五十条、第五十一条所列内容之一的报刊、书籍、音像制品、电子读物等入出境，情节较重的，给予警告或者严重警告处分；情节严重的，给予撤销党内职务、留党察看或者开除党籍处分。

私自阅看、浏览、收听第五十条、第五十一条所列内容之一的报刊、书籍、音像制品、电子读物，以及网络文本、图片、音频、视频资料等，情节严重的，给予警告、严重警告或者撤销党内职务处分。

第五十三条 在党内组织秘密集团或者组织其他分裂党的活动的，给予开除党籍处分。

参加秘密集团或者参加其他分裂党的活动的，给予留党察看或者开除党籍处分。

第五十四条 在党内搞团团伙伙、结党营私、拉帮结派、政治攀附、培植个人势力等非组织活动，或者通过搞利益交换、为自己营造声势等活动捞取政治资本的，给予严重警告或者撤销党内职务处分；导致本地区、本部门、本单位政治生态恶化的，给予留党察看或者开除党籍处分。

第五十五条 搞投机钻营，结交政治骗子或者被政治骗子利用的，给予严重警告或者撤销党内职务处分；情节严重的，给予留党察看或者开除党籍处分。

充当政治骗子的，给予撤销党内职务、留党察看或者开除党籍处分。

第五十六条 党员领导干部在本人主政的地方或者分管的部门自行其是，搞山头主义，拒不执行党中央确定的大政方针，甚至背着党中央另搞一套的，给予撤销党内职务、留党察看或者开除党籍处分。

贯彻党中央决策部署只表态不落实，或者落实党中央决策部署不坚决，打折扣、搞变通，在政治上造成不良影响或者严重后果的，给予警告或者严重警告处分；情节严重的，给予撤销党内职务、留党察看或者开除党籍处分。

不顾党和国家大局，搞部门或者地方保护主义的，依照前款规定处理。

第五十七条 党员领导干部政绩观错位，违背新发展理念、背离高质量发展要求，给党、国家和人民利益造成较大损失的，给予警告或者严重警告处分；情节较重的，给予撤销党内职务或者留党察看处分；情节严重的，给予开除党籍处分。

搞劳民伤财的“形象工程”、“政绩工程”的，从重或者加重处分。

第五十八条 对党不忠诚不老实，表里不一，阳奉阴违，欺上瞒下，搞两面派，做两面人，在政治上造成不良影响的，给予警告或者严重警告处分；情节较重的，给予撤销党内职务或者留党察看处分；情节严重的，给予开除党籍处分。

第五十九条 制造、散布、传播政治谣言，破坏党的团结统一的，给予警告或者严重警告处分；情节较重的，给予撤销党内职务或者留党察看处分；情节严重的，给予开除党籍处分。

政治品行恶劣，匿名诬告，有意陷害或者制造其他谣言，造成损害或者不良影响的，依照前款规定处理。

第六十条 擅自对应当由党中央决定的重大政策问题作出决定、对外发表主张的，对直接责任者和领导责任者，给予严重警告或者撤销党内职务处分；情节严重的，给予留党察看或者开除党籍处分。

第六十一条 不按照有关规定向组织请示、报告重大事项，对直接责任者和领导责任者，情节较重的，给予警告或者严重警告处分；情节严重的，给予撤销党内职务或者留党察看处分。

第六十二条 干扰巡视巡察工作或者不落实巡视巡察整改要求，对直接责任者和领导责任者，情节较轻的，给予警告或者严重警告处分；情节较重的，给予撤销党内职务或者留党察看处分；情节严重的，给予开除党籍处分。

第六十三条 对抗组织审查，有下列行为之一的，给予警告或者严重警告处分；情节较重的，给予撤销党内职务或者留党察看处分；情节严重的，给予开除党籍处分：

（一）串供或者伪造、销毁、转移、隐匿证据；

（二）阻止他人揭发检举、提供证据材料；

（三）包庇同案人员；

（四）向组织提供虚假情况，掩盖事实；

（五）其他对抗组织审查行为。

第六十四条 组织、参加反对党的基本理论、基本路线、基本方略或者重大方针政策的集会、游行、示威等活动的，或者以组织讲座、论坛、报告会、座谈会等方式，反对党的基本理论、基本路线、基本方略或者重大方针政策，造成严重不良影响的，对策划者、组织者和骨干分子，给予开除党籍处分。

对其他参加人员或者以提供信息、资料、财物、场地等方式支持上述活动者，情节较轻的，给予警告或者严重警告处分；情节较重的，给予撤销党内职务或者留党察看处分；情节严重的，给予开除党籍处分。

对不明真相被裹挟参加，经批评教育后确有悔改表现的，可以免予处分或者不予处分。

未经组织批准参加其他集会、游行、示威等活动，情节较轻的，给予警告或者严重警告处分；情节较重的，给予撤销党内职务或者留党察看处分；情节严重的，给予开除党籍处分。

第六十五条 组织、参加旨在反对党的领导、反对社会主义制度或者敌视政府等组织的，对策划者、组织者和骨干分子，给予开除党籍处分。

对其他参加人员，情节较轻的，给予警告或者严重警告处分；情节较重的，给予撤销党内职务或者留党察看处分；情节严重的，给予开除党籍处分。

第六十六条 组织、参加会道门或者邪教组织的，对策划者、组织者和骨干分子，给予开除党籍处分。

对其他参加人员，情节较轻的，给予警告或者严重警告处分；情节较重的，给予撤销党内职务或者留党察看处分；情节严重的，给予开除党籍处分。

对不明真相的参加人员，经批评教育后确有悔改表现的，可以免予处分或者不予处分。

第六十七条 从事、参与挑拨破坏民族关系制造事端或者参加民族分裂活动的，对策划者、组织者和骨干分子，给予开除党籍处分。

对其他参加人员，情节较轻的，给予警告或者严重警告处分；情节较重的，给予撤销党内职务或者留党察看处分；情节严重的，给予开除党籍处分。

对不明真相被裹挟参加，经批评教育后确有悔改表现的，可以免予处分或者不予处分。

有其他违反党和国家民族政策的行为，情节较轻的，给予警告或者严重警告处分；情节较重的，给予撤销党内职务或者留党察看处分；情节严重的，给予开除党籍处分。

第六十八条　组织、利用宗教活动反对党的理论、路线、方针、政策和决议，破坏民族团结的，对策划者、组织者和骨干分子，给予开除党籍处分。

对其他参加人员，给予撤销党内职务或者留党察看处分；情节严重的，给予开除党籍处分。

对不明真相被裹挟参加，经批评教育后确有悔改表现的，可以免予处分或者不予处分。

有其他违反党和国家宗教政策的行为，情节较轻的，给予警告或者严重警告处分；情节较重的，给予撤销党内职务或者留党察看处分；情节严重的，给予开除党籍处分。

第六十九条　对信仰宗教的党员，应当加强思想教育，要求其限期改正；经党组织帮助教育仍没有转变的，应当劝其退党；劝而不退的，予以除名；参与利用宗教搞煽动活动的，给予开除党籍处分。

第七十条 组织迷信活动的，给予撤销党内职务或者留党察看处分；情节严重的，给予开除党籍处分。

参加迷信活动或者个人搞迷信活动，造成不良影响的，给予警告或者严重警告处分；情节较重的，给予撤销党内职务或者留党察看处分；情节严重的，给予开除党籍处分。

对不明真相的参加人员，经批评教育后确有悔改表现的，可以免予处分或者不予处分。

第七十一条 组织、利用宗族势力对抗党和政府，妨碍党和国家的方针政策以及决策部署的实施，或者破坏党的基层组织建设的，对策划者、组织者和骨干分子，给予开除党籍处分。

对其他参加人员，给予撤销党内职务或者留党察看处分；情节严重的，给予开除党籍处分。

对不明真相被裹挟参加，经批评教育后确有悔改表现的，可以免予处分或者不予处分。

第七十二条 在国（境）外、外国驻华使（领）馆申请政治避难，或者违纪后逃往国（境）外、外国驻华使（领）馆的，给予开除党籍处分。

在国（境）外公开发表反对党和政府的文章、演说、宣言、声明等的，依照前款规定处理。

故意为上述行为提供方便条件的，给予留党察看或者开除党籍处分。

第七十三条 在涉外活动中，其言行在政治上造成恶劣影响，损害党和国家尊严、利益的，给予撤销党内职务或者留党察看处分；情节严重的，给予开除党籍处分。

第七十四条 不履行全面从严治党主体责任、监督责任或者履行全面从严治党主体责任、监督责任不力，给党组织造成严重损害或者严重不良影响的，对直接责任者和领导责任者，给予警告或者严重警告处分；情节严重的，给予撤销党内职务或者留党察看处分。

第七十五条 党员领导干部对违反政治纪律和政治规矩等错误思想和行为不报告、不抵制、不斗争，放任不管，搞无原则一团和气，造成不良影响的，给予警告或者严重警告处分；情节严重的，给予撤销党内职务或者留党察看处分。

第七十六条 违反党的优良传统和工作惯例等党的规矩，在政治上造成不良影响或者严重后果的，给予警告或者严重警告处分；情节较重的，给予撤销党内职务或者留党察看处分；情节严重的，给予开除党籍处分。

第七章 对违反组织纪律行为的处分

第七十七条 违反民主集中制原则，有下列行为之一的，给予警告或者严重警告处分；情节严重的，给予撤销党内职务或者留党察看处分：

（一）拒不执行或者擅自改变党组织作出的重大决定；

（二）违反议事规则，个人或者少数人决定重大问题；

（三）故意规避集体决策，决定重大事项、重要干部任免、重要项目安排和大额资金使用；

（四）借集体决策名义集体违规。

第七十八条　下级党组织拒不执行或者擅自改变上级党组织决定的，对直接责任者和领导责任者，给予警告或者严重警告处分；情节严重的，给予撤销党内职务或者留党察看处分。

第七十九条　拒不执行党组织的分配、调动、交流等决定的，给予警告、严重警告或者撤销党内职务处分。

在特殊时期或者紧急状况下，拒不执行党组织上述决定的，给予留党察看或者开除党籍处分。

第八十条　在党组织纪律审查中，依法依规负有作证义务的党员拒绝作证或者故意提供虚假情况，情节较重的，给予警告或者严重警告处分；情节严重的，给予撤销党内职务、留党察看或者开除党籍处分。

第八十一条　有下列行为之一，情节较重的，给予警告或者严重警告处分：

（一）违反个人有关事项报告规定，隐瞒不报；

（二）在组织进行谈话函询时，不如实向组织说明问题；

（三）不按要求报告或者不如实报告个人去向；

（四）不如实填报个人档案资料。

有前款第二项规定的行为，同时向组织提供虚假情况、掩盖事实的，依照本条例第六十三条规定处理。

篡改、伪造个人档案资料的，给予严重警告处分；情节严重的，给予撤销党内职务或者留党察看处分。

隐瞒入党前严重错误的，一般应当予以除名；对入党多年且一贯表现好，或者在工作中作出突出贡献的，给予严重警告、撤销党内职务或者留党察看处分。

第八十二条 党员领导干部违反有关规定组织、参加自发成立的老乡会、校友会、战友会等，情节严重的，给予警告、严重警告或者撤销党内职务处分。

第八十三条 有下列行为之一的，给予警告或者严重警告处分；情节较重的，给予撤销党内职务或者留党察看处分；情节严重的，给予开除党籍处分：

（一）在民主推荐、民主测评、组织考察和党内选举中搞拉票、助选等非组织活动；

（二）在法律规定的投票、选举活动中违背组织原则搞非组织活动，组织、怂恿、诱使他人投票、表决；

（三）在选举中进行其他违反党章、其他党内法规和有关章程活动。

搞有组织的拉票贿选，或者用公款拉票贿选的，从重或者加重处分。

第八十四条 在干部选拔任用工作中，有任人唯亲、排斥异己、封官许愿、说情干预、跑官要官、突击提拔或者调整干部等违反干部选拔任用规定行为，对直接责任者和领导责任者，情节较轻的，给予警告或者严重警告处分；情节较重的，给予撤销党内职务或者留党察看处分；情节严重的，给予开除党籍处分。

用人失察失误造成严重后果的，对直接责任者和领导责任者，依照前款规定处理。

第八十五条 在推进领导干部能上能下工作中，搞好人主义，有下列行为之一，对直接责任者和领导责任者，情节较重的，给予警告或者严重警告处分；情节严重的，给予撤销党内职务或者留党察看处分：

（一）以党纪政务等处分规避组织调整；

（二）以组织调整代替党纪政务等处分；

（三）其他避重就轻作出处理行为。

第八十六条 在干部、职工的录用、考核、职务职级晋升、职称评聘、荣誉表彰，授予学术称号和征兵、安置退役军人等工作中，隐瞒、歪曲事实真相，或者利用职权或者职务上的影响违反有关规定为本人或者其他人谋取利益的，给予警告或者严重警告处分；情节较重的，给予撤销党内职务或者留党察看处分；情节严重的，给予开除党籍处分。

弄虚作假，骗取职务、职级、职称、待遇、资格、学历、学位、荣誉、称号或者其他利益的，依照前款规定处理。

第八十七条 侵犯党员的表决权、选举权和被选举权，情节较重的，给予警告或者严重警告处分；情节严重的，给予撤销党内职务处分。

以强迫、威胁、欺骗、拉拢等手段，妨害党员自主行使表决权、选举权和被选举权的，给予撤销党内职务、留党察看或者开除党籍处分。

第八十八条 有下列行为之一的，对直接责任者和领导责任者，给予警告或者严重警告处分；情节较重的，给予撤销党内职务或者留党察看处分；情节严重的，给予开除党籍处分：

（一）对批评、检举、控告进行阻挠、压制，或者将批评、检举、控告材料私自扣压、销毁，或者故意将其泄露给他人；

（二）对党员的申辩、辩护、作证等进行压制，造成不良后果；

（三）压制党员申诉，造成不良后果，或者不按照有关规定处理党员申诉；

（四）其他侵犯党员权利行为，造成不良后果。

对批评人、检举人、控告人、证人及其他人员打击报复的，从重或者加重处分。

第八十九条 违反党章和其他党内法规的规定，采取弄虚作假或者其他手段把不符合党员条件的人发展为党员，或者为非党员出具党员身份证明的，对直接责任者和领导责任者，给予警告或者严重警告处分；情节严重的，给予撤销党内职务处分。

违反有关规定程序发展党员的，对直接责任者和领导责任者，依照前款规定处理。

第九十条 违反有关规定取得外国国籍或者获取国（境）外永久居留资格、长期居留许可的，给予撤销党内职务、留党察看或者开除党籍处分。

第九十一条 违反有关规定办理因私出国（境）证件、前往港澳通行证，或者未经批准出入国（边）境，情节较轻的，给予警告或者严重警告处分；情节较重的，给予撤销党内职务或者留党察看处分；情节严重的，给予开除党籍处分。

虽经批准因私出国（境）但存在擅自变更路线、无正当理由超期未归等超出批准范围出国（境）行为，情节较重的，给予警告或者严重警告处分；情节严重的，给予撤销党内职务处分。

第九十二条 驻外机构或者临时出国（境）团（组）中的党员擅自脱离组织，或者从事外事、机要、军事等工作的党员违反有关规定同国（境）外机构、人员联系和交往的，给予警告、严重警告或者撤销党内职务处分。

第九十三条 驻外机构或者临时出国（境）团（组）中的党员，脱离组织出走时间不满六个月又自动回归的，给予撤销党内职务或者留党察看处分；脱离组织出走时间超过六个月的，按照自行脱党处理，党内予以除名。

故意为他人脱离组织出走提供方便条件的，给予警告、严重警告或者撤销党内职务处分。

第八章　对违反廉洁纪律行为的处分

第九十四条　党员干部必须正确行使人民赋予的权力，清正廉洁，反对特权思想和特权现象，反对任何滥用职权、谋求私利的行为。

利用职权或者职务上的影响为他人谋取利益，本人的配偶、子女及其配偶等亲属和其他特定关系人收受对方财物，情节较重的，给予警告或者严重警告处分；情节严重的，给予撤销党内职务、留党察看或者开除党籍处分。

第九十五条　相互利用职权或者职务上的影响为对方及其配偶、子女及其配偶等亲属、身边工作人员和其他特定关系人谋取利益搞权权交易的，给予警告或者严重警告处分；情节较重的，给予撤销党内职务或者留党察看处分；情节严重的，给予开除党籍处分。

第九十六条　纵容、默许配偶、子女及其配偶等亲属、身边工作人员和其他特定关系人利用党员干部本人职权或者职务上的影响谋取私利，情节较轻的，给予警告或者严重警告处分；情节较重的，给予撤销党内职务或者留党察看处分；情节严重的，给予开除党籍处分。

党员干部的配偶、子女及其配偶等亲属和其他特定关系人不实际工作而获取薪酬或者虽实际工作但领取明显超出同职级标准薪酬，党员干部知情未予纠正的，依照前款规定处理。

第九十七条 收受可能影响公正执行公务的礼品、礼金、消费卡（券）和有价证券、股权、其他金融产品等财物，情节较轻的，给予警告或者严重警告处分；情节较重的，给予撤销党内职务或者留党察看处分；情节严重的，给予开除党籍处分。

收受其他明显超出正常礼尚往来的财物的，依照前款规定处理。

第九十八条 向从事公务的人员及其配偶、子女及其配偶等亲属和其他特定关系人赠送明显超出正常礼尚往来的礼品、礼金、消费卡（券）和有价证券、股权、其他金融产品等财物，情节较重的，给予警告或者严重警告处分；情节严重的，给予撤销党内职务或者留党察看处分。

以讲课费、课题费、咨询费等名义变相送礼的，依照前款规定处理。

第九十九条 借用管理和服务对象的钱款、住房、车辆等，可能影响公正执行公务，情节较重的，给予警告或者严重警告处分；情节严重的，给予撤销党内职务、留党察看或者开除党籍处分。

通过民间借贷等金融活动获取大额回报，可能影响公正执行公务的，依照前款规定处理。

第一百条 利用职权或者职务上的影响操办婚丧喜庆事宜，造成不良影响的，给予警告或者严重警告处分；情节严重的，给予撤销党内职务处分；借机敛财或者有其他侵犯国家、集体和人民利益行为的，从重或者加重处分，直至开除党籍。

第一百零一条 接受、提供可能影响公正执行公务的宴请或者旅游、健身、娱乐等活动安排，情节较重的，给予警告或者严重警告处分；情节严重的，给予撤销党内职务或者留党察看处分。

第一百零二条 违反有关规定取得、持有、实际使用运动健身卡、会所和俱乐部会员卡、高尔夫球卡等各种消费卡（券），或者违反有关规定出入私人会所，情节较重的，给予警告或者严重警告处分；情节严重的，给予撤销党内职务或者留党察看处分。

第一百零三条 违反有关规定从事营利活动，有下列行为之一，情节较轻的，给予警告或者严重警告处分；情节较重的，给予撤销党内职务或者留党察看处分；情节严重的，给予开除党籍处分：

（一）经商办企业；

（二）拥有非上市公司（企业）的股份或者证券；

（三）买卖股票或者进行其他证券投资；

（四）从事有偿中介活动；

（五）在国（境）外注册公司或者投资入股；

（六）其他违反有关规定从事营利活动的行为。

利用参与企业重组改制、定向增发、兼并投资、土地使用权出让等工作中掌握的信息买卖股票，利用职权或者职务上的影响通过购买信托产品、基金等方式非正常获利的，依照前款规定处理。

违反有关规定在经济组织、社会组织等单位中兼职，或者经批准兼职但获取薪酬、奖金、津贴等额外利益的，依照第一款规定处理。

第一百零四条 利用职权或者职务上的影响，为配偶、子女及其配偶等亲属和其他特定关系人在审批监管、资源开发、金融信贷、大宗采购、土地使用权出让、房地产开发、工程招投标以及公共财政收支等方面谋取利益，情节较轻的，给予警告或者严重警告处分；情节较重的，给予撤销党内职务或者留党察看处分；情节严重的，给予开除党籍处分。

利用职权或者职务上的影响，为配偶、子女及其配偶等亲属和其他特定关系人吸收存款、推销金融产品、经营名贵特产类特殊资源等提供帮助谋取利益的，依照前款规定处理。

第一百零五条 离职或者退（离）休后违反有关规定接受原任职务管辖的地区和业务范围内或者与原工作业务直接

相关的企业和中介机构等单位的聘用，或者个人从事与原任职务管辖业务或者与原工作业务直接相关的营利活动，情节较轻的，给予警告或者严重警告处分；情节较重的，给予撤销党内职务处分；情节严重的，给予留党察看处分。

党员领导干部离职或者退（离）休后违反有关规定担任上市公司、基金管理公司独立董事、独立监事等职务，情节较轻的，给予警告或者严重警告处分；情节较重的，给予撤销党内职务处分；情节严重的，给予留党察看处分。

第一百零六条 离职或者退（离）休后利用原职权或者职务上的影响，为配偶、子女及其配偶等亲属和其他特定关系人从事经营活动谋取利益，情节较轻的，给予警告或者严重警告处分；情节较重的，给予撤销党内职务或者留党察看处分；情节严重的，给予开除党籍处分。

离职或者退（离）休后利用原职权或者职务上的影响为他人谋取利益，本人的配偶、子女及其配偶等亲属和其他特定关系人收受对方财物，情节较重的，给予警告或者严重警告处分；情节严重的，给予撤销党内职务、留党察看或者开除党籍处分。

第一百零七条 党员领导干部的配偶、子女及其配偶，违反有关规定在该党员领导干部管辖的地区和业务范围内从事可能影响其公正执行公务的经营活动，或者有其他违反经商办企业禁业规定行为的，该党员领导干部应当按照规定予以纠正；拒不纠正的，其本人应当辞去现任职务或者由组织予以调整职务；不辞去现任职务或者不服从组织调整职务的，给予撤销党内职务处分。

第一百零八条 党和国家机关违反有关规定经商办企业的，对直接责任者和领导责任者，给予警告或者严重警告处分；情节严重的，给予撤销党内职务处分。

第一百零九条 党员领导干部违反工作、生活保障制度，在交通、医疗、警卫等方面为本人、配偶、子女及其配偶等亲属、身边工作人员和其他特定关系人谋求特殊待遇，情节较重的，给予警告或者严重警告处分；情节严重的，给予撤销党内职务或者留党察看处分。

第一百一十条 在分配、购买住房中侵犯国家、集体利益，情节较轻的，给予警告或者严重警告处分；情节较重的，给予撤销党内职务或者留党察看处分；情节严重的，给予开除党籍处分。

第一百一十一条 利用职权或者职务上的影响，侵占非本人经管的公私财物，或者以象征性地支付钱款等方式侵占公私财物，或者无偿、象征性地支付报酬接受服务、使用劳务，情节较轻的，给予警告或者严重警告处分；情节较重的，给予撤销党内职务或者留党察看处分；情节严重的，给予开除党籍处分。

利用职权或者职务上的影响，将应当由本人、配偶、子女及其配偶等亲属、身边工作人员和其他特定关系人个人支付的费用，由下属单位、其他单位或者他人支付、报销的，依照前款规定处理。

第一百一十二条 利用职权或者职务上的影响，违反有关规定占用公物归个人使用，时间超过六个月，情节较重的，给予警告或者严重警告处分；情节严重的，给予撤销党内职务处分。

占用公物进行营利活动的，给予警告或者严重警告处分；情节较重的，给予撤销党内职务或者留党察看处分；情节严重的，给予开除党籍处分。

将公物借给他人进行营利活动的，依照前款规定处理。

第一百一十三条 违反有关规定组织、参加用公款支付的宴请、娱乐、健身活动，或者用公款购买赠送或者发放礼品、消费卡（券）等，对直接责任者和领导责任者，情节较轻的，给予警告或者严重警告处分；情节较重的，给予撤销党内职务或者留党察看处分；情节严重的，给予开除党籍处分。

第一百一十四条 违反有关规定自定薪酬或者滥发津贴、补贴、奖金、福利等，对直接责任者和领导责任者，情节较轻的，给予警告或者严重警告处分；情节较重的，给予撤销党内职务或者留党察看处分；情节严重的，给予开除党籍处分。

第一百一十五条 有下列行为之一，对直接责任者和领导责任者，情节较轻的，给予警告或者严重警告处分；情节较重的，给予撤销党内职务或者留党察看处分；情节严重的，给予开除党籍处分：

（一）公款旅游或者以学习培训、考察调研、职工疗养等为名变相公款旅游；

（二）改变公务行程，借机旅游；

（三）参加所管理企业、下属单位组织的考察活动，借机旅游。

以考察、学习、培训、研讨、招商、参展等名义变相用公款出国（境）旅游的，对直接责任者和领导责任者，依照前款规定处理。

第一百一十六条 违反接待管理规定，超标准、超范围接待或者借机大吃大喝，对直接责任者和领导责任者，情节较重的，给予警告或者严重警告处分；情节严重的，给予撤销党内职务处分。

第一百一十七条 违反有关规定配备、购买、更换、装饰、使用公务交通工具或者有其他违反公务交通工具管理规定的行为，对直接责任者和领导责任者，情节较重的，给予警告或者严重警告处分；情节严重的，给予撤销党内职务或者留党察看处分。

第一百一十八条 违反会议活动管理规定，有下列行为之一，对直接责任者和领导责任者，情节较重的，给予警告或者严重警告处分；情节严重的，给予撤销党内职务处分：

（一）到禁止召开会议的风景名胜区开会；

（二）决定或者批准举办各类节会、庆典活动；

（三）其他违反会议活动管理规定行为。

擅自举办评比达标表彰、创建示范活动或者借评比达标表彰、创建示范活动收取费用的，对直接责任者和领导责任者，依照前款规定处理。

第一百一十九条 违反办公用房管理等规定，有下列行为之一，对直接责任者和领导责任者，情节较重的，给予警告或者严重警告处分；情节严重的，给予撤销党内职务处分：

（一）决定或者批准兴建、装修办公楼、培训中心等楼堂馆所；

（二）超标准配备、使用办公用房；

（三）未经批准租用、借用办公用房；

（四）用公款包租、占用客房或者其他场所供个人使用；

（五）其他违反办公用房管理等规定行为。

第一百二十条 搞权色交易或者给予财物搞钱色交易的，给予警告或者严重警告处分；情节较重的，给予撤销党内职务或者留党察看处分；情节严重的，给予开除党籍处分。

第一百二十一条 有其他违反廉洁纪律规定行为的，应当视具体情节给予警告直至开除党籍处分。

第九章　对违反群众纪律行为的处分

第一百二十二条　有下列行为之一，对直接责任者和领导责任者，情节较轻的，给予警告或者严重警告处分；情节较重的，给予撤销党内职务或者留党察看处分；情节严重的，给予开除党籍处分：

（一）超标准、超范围向群众筹资筹劳、摊派费用，加重群众负担；

（二）违反有关规定扣留、收缴群众款物或者处罚群众；

（三）克扣群众财物，或者违反有关规定拖欠群众钱款；

（四）在管理、服务活动中违反有关规定收取费用；

（五）在办理涉及群众事务时刁难群众、吃拿卡要；

（六）其他侵害群众利益行为。

在乡村振兴领域有上述行为的，从重或者加重处分。

第一百二十三条　干涉生产经营自主权，致使群众财产遭受较大损失的，对直接责任者和领导责任者，给予警告或者严重警告处分；情节严重的，给予撤销党内职务或者留党察看处分。

第一百二十四条　在社会保障、社会救助、政策扶持、救灾救济款物分配等事项中优亲厚友、明显有失公平的，给予警告或者严重警告处分；情节较重的，给予撤销党内职务或者留党察看处分；情节严重的，给予开除党籍处分。

第一百二十五条 利用宗族或者黑恶势力等欺压群众，或者纵容涉黑涉恶活动、为黑恶势力充当“保护伞”的，给予撤销党内职务或者留党察看处分；情节严重的，给予开除党籍处分。

第一百二十六条 有下列行为之一，对直接责任者和领导责任者，情节较重的，给予警告或者严重警告处分；情节严重的，给予撤销党内职务或者留党察看处分：

（一）对涉及群众生产、生活等切身利益的问题依照政策或者有关规定能解决而不及时解决，庸懒无为、效率低下，造成不良影响；

（二）对符合政策的群众诉求消极应付、推诿扯皮，损害党群、干群关系；

（三）对待群众态度恶劣、简单粗暴，造成不良影响；

（四）弄虚作假，欺上瞒下，损害群众利益；

（五）其他不作为、乱作为、慢作为、假作为等损害群众利益行为。

第一百二十七条 遇到国家财产和群众生命财产受到严重威胁时，能救而不救，情节较重的，给予警告、严重警告或者撤销党内职务处分；情节严重的，给予留党察看或者开除党籍处分。

第一百二十八条 不按照规定公开党务、政务、厂务、村（居）务等，侵犯群众知情权，对直接责任者和领导责任者，情节较重的，给予警告或者严重警告处分；情节严重的，给予撤销党内职务或者留党察看处分。

第一百二十九条 有其他违反群众纪律规定行为的，应当视具体情节给予警告直至开除党籍处分。

第十章 对违反工作纪律行为的处分

第一百三十条 工作中不负责任或者疏于管理，贯彻执行、检查督促落实上级决策部署不力，给党、国家和人民利益以及公共财产造成较大损失的，对直接责任者和领导责任者，给予警告或者严重警告处分；造成重大损失的，给予撤销党内职务、留党察看或者开除党籍处分。

党员领导干部对于到任前已经存在且属于其职责范围内的问题，消极回避、推卸责任，造成严重损害或者严重不良影响的，依照前款规定处理。

第一百三十一条 工作中不敢斗争、不愿担当，面对重大矛盾冲突、危机困难临阵退缩，造成不良影响或者严重后果的，给予警告或者严重警告处分；情节严重的，给予撤销党内职务、留党察看或者开除党籍处分。

第一百三十二条 有下列行为之一，造成严重损害或者严重不良影响的，对直接责任者和领导责任者，给予警告或者严重警告处分；情节较重的，给予撤销党内职务或者留党察看处分；情节严重的，给予开除党籍处分：

（一）热衷于搞舆论造势、浮在表面；

（二）单纯以会议贯彻会议、以文件落实文件，在实际工作中不见诸行动；

（三）脱离实际，不作深入调查研究，搞随意决策、机械执行；

（四）违反精文减会有关规定搞文山会海；

（五）在督查检查考核等工作中搞层层加码、过度留痕，增加基层工作负担；

（六）工作中其他形式主义、官僚主义行为。

第一百三十三条 在公务活动用餐、单位食堂用餐管理工作中不履行或者不正确履行宣传教育、监督管理职责，导致餐饮浪费，造成严重不良影响的，对直接责任者和领导责任者，给予警告或者严重警告处分；情节严重的，给予撤销党内职务处分。

第一百三十四条 在机构编制工作中，有下列行为之一，造成不良影响或者严重后果的，对直接责任者和领导责任者，给予警告或者严重警告处分；情节较重的，给予撤销党内职务或者留党察看处分；情节严重的，给予开除党籍处分：

（一）擅自超出“三定”规定范围调整职责、设置机构、核定领导职数和配备人员；

（二）违规干预地方机构设置；

（三）其他违反机构编制管理规定行为。

第一百三十五条 在信访工作中，有下列行为之一，造成不良影响或者严重后果的，对直接责任者和领导责任者，给予警告或者严重警告处分；情节较重的，给予撤销党内职务或者留党察看处分；情节严重的，给予开除党籍处分：

（一）不按照规定受理、办理信访事项；

（二）对规模性集体访等处置不力，导致事态扩大；

（三）对党委和政府信访部门提出的改进工作、完善政策等建议重视不够、落实不力，导致问题长期得不到解决；

（四）其他不履行或者不正确履行信访工作职责行为。

不履行或者不正确履行职责，导致信访事项发生，造成不良影响或者严重后果的，对直接责任者和领导责任者，依照前款规定处理。

第一百三十六条 党组织有下列行为之一，对直接责任者和领导责任者，情节较重的，给予警告或者严重警告处分；情节严重的，给予撤销党内职务或者留党察看处分：

（一）党员被立案审查期间，擅自批准其出差、出国（境）、辞职，或者对其交流、提拔职务、晋升职级、进一步使用、奖励，或者办理退休手续；

（二）党员被依法追究刑事责任后，不按照规定给予党纪处分，或者对党员违反国家法律法规的行为，应当给予党纪处分而不处分；

（三）党纪处分决定或者申诉复查决定作出后，不按照规定落实决定中关于被处分人党籍、职务、职级、待遇等事项；

（四）党员受到党纪处分后，不按照干部管理权限和组织关系对受处分党员开展日常教育、管理和监督工作。

第一百三十七条 滥用问责，或者在问责工作中严重不负责任，造成不良影响的，对直接责任者和领导责任者，给予警告或者严重警告处分；情节严重的，给予撤销党内职务处分。

第一百三十八条 因工作不负责任致使所管理的人员叛逃的，对直接责任者和领导责任者，给予警告或者严重警告处分；情节严重的，给予撤销党内职务处分。

因工作不负责任致使所管理的人员出逃、出走，对直接责任者和领导责任者，情节较重的，给予警告或者严重警告处分；情节严重的，给予撤销党内职务处分。

第一百三十九条 进行统计造假，对直接责任者和领导责任者，情节较轻的，给予警告或者严重警告处分；情节较重的，给予撤销党内职务或者留党察看处分；情节严重的，给予开除党籍处分。

对统计造假失察，造成严重后果的，对直接责任者和领导责任者，给予警告或者严重警告处分；情节严重的，给予撤销党内职务、留党察看或者开除党籍处分。

第一百四十条 在上级检查、视察工作或者向上级汇报、报告工作时对应当报告的事项不报告或者不如实报告，造成严重损害或者严重不良影响的，对直接责任者和领导责任者，给予警告或者严重警告处分；情节严重的，给予撤销党内职务或者留党察看处分。

在上级检查、视察工作或者向上级汇报、报告工作时纵容、唆使、暗示、强迫下级说假话、报假情的，从重或者加重处分。

第一百四十一条 违反有关规定干预和插手市场经济活动，有下列行为之一，情节较轻的，给予警告或者严重警告处分；情节较重的，给予撤销党内职务或者留党察看处分；情节严重的，给予开除党籍处分：

（一）干预和插手建设工程项目承发包、土地使用权出让、政府采购、房地产开发与经营、矿产资源开发利用、中介机构服务等活动；

（二）干预和插手国有企业重组改制、兼并、破产、产权交易、清产核资、资产评估、资产转让、重大项目投资以及其他重大经营活动等事项；

（三）干预和插手批办各类行政许可和资金借贷等事项；

（四）干预和插手经济纠纷；

（五）干预和插手集体资金、资产和资源的使用、分配、承包、租赁等事项。

第一百四十二条 违反有关规定干预和插手司法活动、

执纪执法活动，向有关地方或者部门打听案情、打招呼、说情，或者以其他方式对司法活动、执纪执法活动施加影响，情节较轻的，给予严重警告处分；情节较重的，给予撤销党内职务或者留党察看处分；情节严重的，给予开除党籍处分。

违反有关规定干预和插手公共财政资金分配、项目立项评审、功勋荣誉表彰奖励等活动，造成重大损失或者不良影响的，依照前款规定处理。

第一百四十三条 按照有关规定对干预和插手行为负有报告和登记义务的受请托人，不按照规定报告或者登记，情节较重的，给予警告或者严重警告处分；情节严重的，给予撤销党内职务处分。

第一百四十四条 泄露、扩散或者打探、窃取党组织关于干部选拔任用、纪律审查、巡视巡察等尚未公开事项或者其他应当保密的内容的，给予警告或者严重警告处分；情节较重的，给予撤销党内职务或者留党察看处分；情节严重的，给予开除党籍处分。

私自留存涉及党组织关于干部选拔任用、纪律审查、巡视巡察等方面资料，情节较重的，给予警告或者严重警告处分；情节严重的，给予撤销党内职务处分。

第一百四十五条 在考试、录取工作中，有泄露试题、考场舞弊、涂改考卷、违规录取等违反有关规定行为的，给予警告或者严重警告处分；情节较重的，给予撤销党内职务或者留党察看处分；情节严重的，给予开除党籍处分。

第一百四十六条 以不正当方式谋求本人或者其他人用公款出国（境），情节较轻的，给予警告处分；情节较重的，给予严重警告处分；情节严重的，给予撤销党内职务处分。

第一百四十七条 临时出国（境）团（组）或者人员中的党员，擅自延长在国（境）外期限，或者擅自变更路线的，对直接责任者和领导责任者，给予警告或者严重警告处分；情节严重的，给予撤销党内职务处分。

第一百四十八条 驻外机构或者临时出国（境）团（组）中的党员，触犯驻在国家、地区的法律、法令或者不尊重驻在国家、地区的宗教习俗，情节较重的，给予警告或者严重警告处分；情节严重的，给予撤销党内职务、留党察看或者开除党籍处分。

第一百四十九条 在党的纪律检查、组织、宣传、统一战线工作以及机关工作等其他工作中，不履行或者不正确履行职责，造成损失或者不良影响的，应当视具体情节给予警告直至开除党籍处分。

第十一章 对违反生活纪律行为的处分

第一百五十条 生活奢靡、铺张浪费、贪图享乐、追求低级趣味，造成不良影响的，给予警告或者严重警告处分；情节严重的，给予撤销党内职务处分。

第一百五十一条 与他人发生不正当性关系，造成不良影响的，给予警告或者严重警告处分；情节较重的，给予撤销党内职务或者留党察看处分；情节严重的，给予开除党籍处分。

利用职权、教养关系、从属关系或者其他相类似关系与他人发生性关系的，从重处分。

第一百五十二条 党员领导干部不重视家风建设，对配偶、子女及其配偶失管失教，造成不良影响或者严重后果的，给予警告或者严重警告处分；情节严重的，给予撤销党内职务处分。

第一百五十三条 违背社会公序良俗，在公共场所、网络空间有不当言行，造成不良影响的，给予警告或者严重警告处分；情节较重的，给予撤销党内职务或者留党察看处分；情节严重的，给予开除党籍处分。

第一百五十四条 有其他严重违反社会公德、家庭美德行为的，应当视具体情节给予警告直至开除党籍处分。

第三编 附 则

第一百五十五条 各省、自治区、直辖市党委可以根据本条例，结合各自工作的实际情况，制定单项实施规定。

第一百五十六条 中央军事委员会可以根据本条例，结合中国人民解放军和中国人民武装警察部队的实际情况，制定补充规定或者单项规定。

第一百五十七条 本条例由中央纪委负责解释。

第一百五十八条 本条例自 2024 年 1 月 1 日起施行。

本条例施行前，已结案的案件如需进行复查复议，适用当时的规定或者政策。尚未结案的案件，如果行为发生时的规定或者政策不认为是违纪，而本条例认为是违纪的，依照当时的规定或者政策处理；如果行为发生时的规定或者政策认为是违纪的，依照当时的规定或者政策处理，但是如果本条例不认为是违纪或者处理较轻的，依照本条例规定处理。